Mein Mann Sandy

James Bell Salmond

Writat

Diese Ausgabe erschien im Jahr 2024

ISBN: 9789359940021

Herausgegeben von
Writat
E-Mail: info@writat.com

Nach unseren Informationen ist dieses Buch gemeinfrei.
Dieses Buch ist eine Reproduktion eines wichtigen historischen Werkes. Alpha
Editions verwendet die beste Technologie, um historische Werke in der gleichen
Weise zu reproduzieren, wie sie erstmals veröffentlicht wurden, um ihre
ursprüngliche Natur zu bewahren. Alle sichtbaren Markierungen oder Zahlen
wurden absichtlich belassen, um ihre wahre Form zu bewahren.

Inhalt

VORWORT.

Diese Skizzen stammen aus einer Serie, die ursprünglich für Zeitungszwecke geschrieben wurde. Bei der Überarbeitung wurden dem Autor die Mängel deutlich bewusst; aber Bawbie und Sandy sind Charaktere, die durch Verbesserungen völlig verdorben werden könnten. Die Skizzen werden daher so präsentiert, wie sie für die Veröffentlichung in Fortsetzungen hastig „reingebügelt" wurden.

Die Wörter „foo", „far", „fat" und „fan" des Angus-Dialekts wurden in die klassischeren Wörter „hoo", „whaur" usw. geändert. Ansonsten bleiben die Sketche in der Form, in der sie unter schottischen Lesern im In- und Ausland eine ziemlich unerwartete Popularität erlangt haben.

ARBROATH, NB ,
April 1889.

ICH
, SANDY, TAUSCHE SEINEN POWNEY.

Er ist ein merkwürdiges Geschöpf, mein Mann Sandy! Er ist sowohl mit seinem Geist als auch mit seinem Körper nach einem originellen Plan erschaffen worden. Er sagt und tut alles nach seinem eigenen System; Gairner Winton sagt oft, wenn Sandy im Gemüseanbau tätig gewesen wäre, hätte er seinen Kohl mit den Stöcken auf dem Boden angebaut, damit sie frische Luft in ihre Nahrung bekommen. Es ist genau sein Ding, verstehen Sie. Ich würde mich nicht freuen, ihn eines Tages mit Donal Yokit im Kartoffelwagen zu sehen, mit dem Kopf über dem Vorderteil und den Hürden, die sein Kopf sein sollte. Ich habe Sandy sagen hören, er habe die Idee gehabt, dass ein Pferd viel besser schleifen könne als Mist; und wenn Sandy einmal eine Idee in den Kopf bekommt, muss irgendein Tier oder Körper leiden, bevor er davon erfährt. Wenn es einen Spinner gibt, der irgendetwas tut, findet Sandy ihn heraus. Jahrelang hat er regelmäßig den Stallschlüssel über das Tor geworfen, nachdem er Donal und den Stall verlassen hatte. Als er wieder zu Hause ankam, kletterte er über das Tor, um den Schlüssel zu holen, und dann kletterte er wieder hinauf und öffnete es von außen. Er hätte den Schlüssel in seinem Hündchen tragen müssen, aber das hätte niemand tun können! Aber, wie ich schon sagte, es ist nur seins.

„ Das ist genau die Form, die die Erbsünde in Sandys Fall angenommen hat", sagte der Gairner, als er und Smith das Thema diskutierten.

„Ich weiß nichts über die Sünde, aber sie ist ursprünglich gut, daran ist nichts auszusetzen", sagte der Schmied.

Niemand weiß das besser als ich, denn ich habe das Lehrjahr von fast vierzig Jahren hinter mir. Aber er ist immer noch mein eigener Mann, der einzige, den ich je hatte, und ich werde für ihn einstehen und ihn unterstützen, solange die Lampe brennt, wie der Psalmist sagt.

"Mal sehen, ob ich mein Geog aufsagen kann, Bawbie", sagte Nathan das zweite Mal zu mir, als ich im Laden stand. Er hatte zu Hause gesessen und sein Buch vor sich hin gesummt, bis er plötzlich merkte, dass Rooshya im Norden am Weißen Meer und im Süden am Schwarzen Meer und irgendwo anders an den Tooral-Ooral-Bergen oder so vorbeifahren würde, und dann kam er und reichte mir sein Geog, wie er es nannte, um zu sehen, ob er dieses Palaver auf der Zunge hatte.

Ich habe mich oft gefragt, was es für einen Sinn hat, dass Nathan zu den abgelegenen Orten rennt, von denen er nie im Umkreis von tausend Meilen sein würde. Er kennt alle Ecken und Winkel von Valiparaiso, aber kaum etwas über Bowriefauld. Aber ich nehme an, der Pfarrer weiß es am besten.

Nathan war gerade damit beschäftigt, mir in seinem Buch den Ort zu zeigen, als es auf der Straße ein schreckliches Klappern gab, und er wollte unbedingt sehen, was los war. Er dachte, es sei eine Hochzeit, und es könnte sein, dass sich hinter den Türen ein paar Geräusche befinden. Wie groß war meine Bestürzung, als das Klappern und Klappern vor der Ladentür anhielt und ich Sandys Stimme brüllen hörte: „Geh, halt still, Mann, geh, willst du?"

"Was ist jetzt los auf der Erde?", fragte ich mich und machte mich auf den Weg zur Tür. Sandy war in Munromont gewesen, um Kartoffeln zu holen. Als ich zur Tür ging, hatte er ein Ding zwischen den Deichseln seines Wagens , das aussah, als wäre es von einer Blitzgabel getroffen worden.

„Was hast du mit ,Donal' vor, Sandy?", fragte ich spähend.

„Der Schurke Gowans und ich haben einen Tausch", sagt Sandy, klettert hinten aus dem Wagen und rennt heimlich zum Kopf des Pferdes.

„Wo, Prinz", sagt er und streichelt seine Hand. „Wo, der hübsche Junge!"

Princie, wie er ihn nannte, warf mit dem weißen Auge einen gelblichen Kreis, der Sandy daran hinderte, einen guten Abstand von ihm zu halten.

"Er ist ein großartiges Tier", sagt er und kommt zu mir herüber, "ein großartiges Tier! Dreivierteljährig und bald in Wind und Wetter. Ich habe ein furchtbares Schnäppchen mit ihm gemacht. Ich gab Gowans Donal dreißig Schilling und er gab mir ein Schild mit der Aufschrift "Tortyshall Kitlin" zum Hügel - das einzige in der Gegend. Er wird es morgen früh abgeben."

Es fehlte nicht an Schwung in Princies Wind. Das habe ich sofort gemerkt. Er pfiff wie ein Musiker.

"Er schnauft ein bisschen, wenn er einen langen Atem hat", sagt Sandy, "aber das ist egal. Er hat einen oder zwei Jahre und ist vorne ein bisschen taumelnd und hat ein bisschen Spat im hinteren Bein, aber ich werde es vermeiden, ihn mit guter Führung zu streicheln. Er ist ein großartiges Tier, das kann ich Ihnen sagen !"

Sandy stand da und sah zuerst auf das Pferd und dann auf seinen Wagen. „Er ist ganz schön hoch für die Räder", sagte er, „aber, Mann, er ist ein großartiges Tier. Er kam von Glesterlaw wie ein Vogel nach Hause. Er hat sich nicht einmal mit der Wimper gezuckt. Er ist ein großartiges Tier."

„Wie viele Beine hat er, Sandy?", frage ich und sehe das große, dicke, zerzaust aussehende Tier an. Er war hier und da ganz verdreht und seine Beine sahen aus wie zerknitterte Wasserschläuche. Der Wagen schien ihn hochzuhalten, anstatt dass er den Wagen hochhielt; und er ruhte seine Beine eine Weile lang aus, wie ein Hahn, der auf einer Schlange steht. „Du hättest den Billy beim Abdecker in Glesterlaw lassen sollen, Sandy", frage ich. „Ich vertraue darauf, dass du zurückkommst, um ihn vor ihm dorthin zu bringen, sonst bist du viel älter."

"Tyach! Halt deine Zunge im Zaum", sagt Sandy. "Sprich über Dinge, von denen du etwas weißt. Warte bis zum Morgen. Du wirst sehen, ich werde meine Sachen und alle meine Kartoffeln in der Hälfte der Zeit geliefert bekommen. Ich werde alle meine Kartoffeln loswerden und um ein Uhr zu Hause sein, anstatt mit einem faulen Kerl wie Donal' wegzulaufen. Ich werde dich schlagen, was immer du willst, Gowans wird diesmal seinen Schnäppchenpreis ruinieren; aber er wird ihn jetzt nicht zurückbekommen. Ich werde nachsehen und Princie in den Stall bringen."

Sandy ging zu den Deichseln hinein, sprang aber zurück, als Princie quietschend aufschrie und sich mit den Absätzen am Boden des Wagens stoßend ansetzte.

„Das ist die Zucht", sagt Sandy und geht wieder auf die andere Seite des Hafens.

„Soweit ich hören konnte, kam es mir vor wie der Boden einer Bucht", sagte ich, aber Sandy hörte nicht auf.

Das Tier hatte ein Nesthäkchen im Kopf. Es drehte sich mit einem vegabonartigen Blick um, als Sandy näher kam. Nach einer Weile stand er vorne auf und gab den Zügeln eine Geste, und Princie begann ein bisschen zu jagen, wobei Sandy sich vorne auf dem Wagen hin und her beugte, als wäre er auf dem Boden. Sandy klatschte auf die Hürden, um ihn zu beruhigen, aber seine Beine kratzten immer noch am Boden des Wagens, bis ich dachte, er wäre nicht ganz zerbrochen. Als er weg war, ging er plötzlich mit vollem Schwung, während Sandy zwischen den Kartoffeln herumruderte und an den Zügeln ankam und brüllte: „Weh! Halt still!" und so weiter. Als er auf die Straße kam, waren ein Dutzend Jungs hinter ihm her und schrien: „Kommt her, Jungs, und seht Sandy Bowdens Trommelspiel. Bei Gott, er hat jetzt ein gutes Pferd für Donald bekommen."

Sandy kam erst gegen elf Uhr aus dem Stall, und ich habe nichts weiter über sein starkes Pferd gesagt. Ich habe den Pfarrer sagen hören, es ist das Unerwartete, das passiert. So ist es immer mit Sandy , das kann ich Ihnen sagen. Ich rechne immer damit, dass ihm etwas passiert, was ich nicht erwarte; deshalb finde ich es am besten, ihn einfach in Ruhe zu lassen.

Am nächsten Morgen machte er sich sehr früh auf den Weg, um einen Hund zu holen, und nahm Bandy Wobster mit , um ihm zu helfen. Es dauerte zwei

Stunden, bis er mit dem Wagen zur Ladentür kam , und er und das Pferd rasten, bevor sie loslegten. Sandy sah aus, als wäre er hoch erhoben, also ließ ich ihn auf seine Beine steigen und sagte nichts.

Stumpie Mertin kam vorbei, sah Princie an und streckte seinem Kopf eine Klaue entgegen.

„Was siehst du so finster an?", sagt Sandy mit gereizter Miene zu ihm.

"Woher hast du das hungrig aussehende Rad, Sandy?", sagt er. "Das Tier ist nicht mehr zum Weitergehen geeignet. Die Tierquälerei wird dich erwischen, so sicher du bist, als ob du noch ein lebender Mensch bist."

„Pass auf, dass sie dich nicht zwicken, denn du hast breite Beine", sagt Sandy, der sich wie eine Wespe aufrichtet. „Pass auf, und kümmere dich um dein eigenes Geschäft."

„Das wurde aus einem Tierheim geschmuggelt", sagt Stumpie, und dann geht er weiter, als hätte er einen großen Scherz gemacht.

Der Polizist kam herunter und ließ sich etwa zehn Meter von Princie entfernt nieder, legte die Hände auf den Rücken, streckte den Kopf aus, als ob er jemanden verprügeln wollte, und sah ihn lange an. „Das ist ein Miststück, Sandy", sagte er. „Dieser Billy wird den Boden abdecken."

Ich wusste nicht, ob der Bobby das Spülen über den Boden oder das Bedecken meinte, nachdem er in Gooana oder Peststaub verwandelt worden war; aber ich sah, dass die Spur in seinem Ärmel dasselbe bedeutete.

Gairner Winton kam zur selben Zeit auf die Straße, und der Polizist und er fingen an, eine Bemerkung über Sandys Pferd zu machen.

„Ein gutes Tier, nicht wahr", sagt der Gairner, „aber Sandy wollte ihn unbedingt kaufen."

„Ich glaube, er hat ihn in die Hölle gebracht", sagt der Polizist. „Als er eine Ewigkeit gewartet hatte, hatte er ihn im Doppelpack erwischt."

Sandy rührte sich nicht, als er sie hörte. Der Wagen war bereit, und Sandy stieg vorne auf und rannte los. Er ging weiter, bis er zum Loan kam, wo Princie lostrab. Das Klappern der Waage hinten am Wagen machte ihn fertig, und er setzte sich in vollem Tempo in Bewegung, seine langen, krummen Beine klatschten wie zerrissene Klumpen zwischen ihm und dem Boden umher. Ein paar gute Hausfrauen warteten draußen auf ihre Kartoffeln und brüllten Sandy zu, er solle anhalten; aber Sandy konnte nicht. Die Kartoffeln flogen durch die Hintertür des Wagens, und die Waage klapperte und schrillte wie ein Erdbeben; und da stand Sandy, mit nacktem Kopf, bis zu den Knien auf seinen Kartoffeln, brüllend und brüllend wie der Kapitän eines Schoners, der auf den Felsen segelte. Ich könnte schwören, Sandy war in weniger als der Hälfte der Zeit, die Donal dafür brauchte, um seine Kartoffeln zu liefern! Die Frauen und Jungs sammelten die Kartoffeln auf dem Weg nach Tutties Nook ein, und als Sandy die Meile erreichte, war sein Wagen voll. Zu diesem Zeitpunkt war Princie ziemlich außer Atem und er fiel mitten auf die Straße, Sandy stürzte über seinen Wasserhahn.

Donal ist wieder bei seinem alten Job! Sandy hat dreißig Schilling und eine Ladung Kartoffeln auf dem Land verloren, und was das Tortyshall-Kitlin angeht, habe ich weder eine Spur noch ein Haar davon gehört oder gesehen.

II.
SANDY BEGINNT, GEOMETRIE ZU STUDIEREN.

"Mann, Bawbie, ich glaube, ich werde mir die Tage mal den Stadtrat ansehen und dort reinkommen", sagt Sandy am anderen Ende des Abends zu mir. "Ich und ein paar der anderen Jungs haben heute oder vorgestern Abend im Waschhaus eine kleine Auseinandersetzung gehabt, und ich sage Ihnen, ich kann über öffentliche Fragen genauso gut plappern wie über einige davon im Stadtrat. Ich habe ihnen am Dienstagabend ein bisschen über die Wasserfrage geredet, die sie zum Staunen gebracht hat, und Dauvit Kenawee sagte auf der Stelle, ich sollte mir das Bezirkskomitee ansehen und eine Chance bekommen, ihnen meine Ansichten vorzutragen. Sie sagten alle, ich sei ein geborener Schwätzer, und mit ein bisschen Übung könnte ich die Hälfte des Stadtrats vor der Tür in eine Rede verwickeln."

Ich brachte Sandy eine Weile zum Schweigen, und dann warf ich ein: „Ja, genau das, Sandy. Aber vielleicht gehst du weg und holst das Fass mit der dicken Saftseife raus und den Wechts wird ein schwarzes Blei gegeben. Und wir werden nach deiner Arbeit etwas über den Stadtrat hören.“

„Oh, aber das werde ich hinkriegen, Bawbie“, sagt er ganz bissig, „aber ein Mann mit Hirn im Kopf kann man nicht einfach mit Seife und Bleichmittel füttern.“

"Na gut", sagte ich, "vielleicht würden Sie mit einer Menge von denen zu tun haben, sogar im Toon Council. Wenn Sie einen Gefallen brauchen, ist ein wenig Seife - obwohl es nur ein paar Kratzer sind - manchmal sehr praktisch; und wenn Sie nicht bekommen, was Sie wollen, können Sie auf der schwarzen Bleiseife herumtrödeln. Es gibt eine Menge von dieser Art von Dingen, kein Zweifel. Da ist zum Beispiel Beylie Thingymabob - aber natürlich ist das nicht der Punkt -"

"Was ich sagen wollte", sagte Brock in Sandy, "war, dass, wenn ein Mann voller Gehirne ist und diese wie Bier arbeiten, er eine Beschäftigung für seinen Intellekt haben muss oder seine Fähigkeiten etwas verändern müssen. Da ist zum Beispiel Bandy Wobster, der sich mit Dreiecken und dergleichen den Kopf vollmacht , nur weil er ein paar Gehirne im Kopf hat und sie beschäftigen muss; und warum auch nicht ich?"

"Gomitry und Triangel!", sage ich. "Vielleicht gehst du als nächstes zur Flötenkapelle, oder? Also, ich sage dir eines - ich weiß nichts über Gomitry oder was für ein Ding das ist; aber wenn du eins deiner Triangel mitbringst, mit ihrem Ping-Ping-Pinkey-Pingin, werde ich sie auf die Syre streicheln; das werde ich tun. Ich mag Musik fast jeder Art. Ich kann mit der Melodie oder

der Ziehharmonika aufpeppen; aber dieses Triangel-Ding möchte ich nicht im Haus haben. Du kannst Bandy Wobster sagen, dass er seine Triangel behalten kann, damit seine Papageien darauf schwingen können. Wir brauchen hier keine davon."

"Tut, Bawbie, oman", sagt Sandy, "du hast einfach nur einen Straucht dafür. Ich meine keine Flöte oder Dreiecke. Es sind die Dinger, die man in Büchern sieht – alle Formen und Größen, weißt du. Bandy hat viel darüber gelernt , als er zur See war. Seeleute lernen davon, weil sie nur messen, wie weit es von einem anderen abweicht, weißt du, verstehst du? Bandy hat mir erzählt, dass Gomitry – so heißt das Buch mit den Dreiecken – großartig ist, um einem das Sprechen beizubringen; und er hat angeboten, mir ein oder zwei Unterrichtsstunden zu geben."

"Das ist es, was Bandy zu sagen hat", sagte ich. "Ich glaube, Sandy", sagte ich, "dass du mehr etwas lernen musst, um deine Zunge im Zaum zu halten. Du brauchst nicht sprechen zu lernen, na ja, außer, um vernünftig zu sprechen, und ich glaube nicht, dass Gomitry dir dabei helfen wird. Es ist nur eine armselige Sache von Bandy Wobster, jedenfalls."

"Das weißt du alles, Bawbie", sagt Sandy. "In Bandy steckt mehr als die Sporen drinstecken; vergiss nicht, was ich dir sage. Er hat uns von einigen der Exempel in Gomitry erzählt, und ich kann dir versichern, er hat Cocky Baxter, den alten Pfarrer, dazu gebracht, seine Sachen zu kauen."

„Exyems!", sage ich. „Ist das dasselbe wie Exy-oey, das wir früher auf den Sklates in der Skule gespielt haben?"

"Nein, nein, nein, nein, nein", sagt Sandy. "Was hast du vor, Bawbie? Es ist alles eine andere Sache. Das erste Beispiel ist, dass etwas, das gleich dem gleichen Ding ist wie das andere Ding, gleich dem Ding ist, das gleich dem Ding ist, dem das andere Ding gleich ist, weißt du, verstehst du?"

„Bei Gott, Sandy", sage ich, „das ist noch längst nicht alles. Was hast du gesagt?"

"Es ist so klar wie die Welt, Bawbie, wenn man nur genau hinsieht", sagt Sandy. "Wenn eine Sache einer anderen gleich ist und die andere Sache einer anderen Sache gleich ist, die der Sache gleich ist, mit der die erste Sache gleich ist, dann kann man leicht erkennen, dass die eine Sache der anderen gleich sein wird, und dass sie beide der anderen Sache gleich sind."

Ich dachte, Sandy würde langsam ein bisschen schwach, wissen Sie, denn ich konnte seinem wirren Geschwätz weder Glauben schenken noch es hören.

"Halt mich fest, Baby, durchschaust du das nicht?", sagt er und starrt mich mit einem seltsamen Blick an. "Gib mir drei Babys! Sieh mal, da sind die drei Babys. Also, hier sind zwei hier und da ist eines. Nun, dieses hier ist gleich dem da und dieses andere hier ist auch gleich dem da; wenn sie also beide gleich dem anderen sind, muss das Zehnte gleich dem Zehnten sein. Eine blinde Fledermaus könnte das sehen, wenn sie geschlossen ist."

Sandy tut so, als hätte er einen großen Auftrag oder so etwas, und als er seinen Kopf mit einem großen, unauffälligen Schwanz zur Seite streckt, sagt er: „Siehst du es nicht?"

"Siehst du?", frage ich. "Was würdest du davon halten, zu sehen? Und ist es das, was Gomitry dir beibringt?", frage ich.

„Das ist es", sagt Sandy. „Das ist das erste Exyem."

„Nun", sagte ich, „es dauert verdammt lange , Ihnen zu erzählen, was Ihnen nur ein dreijähriges Kind im Handumdrehen sagen könnte."

"Ah, aber es ist der geistige Verstand, der verfügbar ist", sagt Sandy. "Er lehrt dich zu streiten, verstehst du nicht? Wenn ich eine Nacht oder zwei Stunden in Gomitry schmökere und ein paar Dreiecke und parallele Gramm in meinen Kopf bekomme, bin ich in der Lage, einen Schreiber in der Wasserfrage oder in den Wadges der Scaffies zu stellen, der einigen unserer Toon-Ratsherren den Kopf verdreht. Warte, bis du es siehst!"

"Ja, Sandy", sagte ich, "du wirst das Schweineessen und deine anderen Aufgaben erledigen, und wenn wir zehn Uhr hier sind, wirst du dir einen Drink mit viel Pfeffer holen und ins Bett gehen. Die Waschlappen-Minze wirkt sich auf dein Nervensystem aus, das fürchte ich. Rin, na, und sieh zu, und bleib dran."

Ich dachte immer, der Kerl, der schlief, wollte von dem Schilling etwas haben.

„Ich möchte nur, dass Sie sich eine unserer Debatten anhören und Ihre Meinung ändern", sagt Sandy. „Bandy hat versprochen, uns morgen früh etwas über das Postylat in Gomitry zu erzählen. Ich möchte nur, dass Sie ihn hören."

"Was gibt es davon zu hören?", frage ich. "Bei dem einen ist es genau derselbe; er ist fast schon zu spät."

„Was?", sagt Sandy mit einem windigen Blick im Gesicht.

"Unser Postbote!", sagte ich. "Er ist immer spät dran. Man hört sein Pfeifen oft auf der Straße, wenn es nach zehn Uhr abends ist."

Sandy ging taumelnd aus der Tür und rannte wie ein stolperndes Huhn davon, und ich sah erst zwei Stunden später eine Spur oder ein Haar von ihm. Aber was konnte man erwarten? Das ist eben immer das, was diese Männer tun, wenn sie am schlimmsten betroffen sind.

III.
SANDY UND DIE ABENDESSENGLOCKE,

Auf zu den Ferien! Ich sage dir, ich würde lieber einen Tag lang waschen und putzen und danach bügeln und mangeln, als noch einen Urlaub wie den zu erleben, den Sandy und ich diese Woche hatten. Ferien! Es ist ein Neuling, es gab keinen besonderen Ausflug nach Hause mit Sandys Beerdigung. Wenn dieser Mann nicht vorher getötet wird , wird er unter die Anarchisten-Billardtische kommen oder so. Ich sage dir, er ist zu allem fähig.

Wir machten die billige Fahrt nach Edinboro, nur um uns ein bisschen in der Stadt umzusehen, wie Sandy es den Leuten im Zug sagte. Er ließ mich zwei- oder dreimal aufschrecken, als er es sagte; ich dachte, er hätte seinen Pfeifenstiel verschluckt, er plapperte so vor sich hin.

Wir hatten noch nicht richtig angefangen, als er mit seinem Unsinn loslegte. Da saß ein kleines Mädchen und ein Kind im Wagen, und die Leute waren furchtbar. „Ich weiß nicht, was ich mit diesem Kind machen soll?", sagte das Mädchen, und Sandy, der gerade mit dem Arsch eines Mannes kämpft, den die Arbroath-Cricketspieler als den besten Club des Landes bezeichnen könnten, sagt ganz ungläubig zu dem Mädchen: „Setz dich auf den Sitz."

„Du herzloser Kerl", sagte ich, „schäm dich! Gib mir das Kind", sagte ich, und ich ließ das Tier putzen und beruhigen.

Es gab keinen weiteren Unsinn, bis wir zu einer Station in Fife mit einem furchtbaren Namen kamen. Ich kann mir nicht merken, was es war, und werde es wohl auch nie merken. Der Stationsvorsteher hatte eine furchtbare Schilfnase – ganz schrecklich.

"Sind die Erdbeeren hier ein guter Mist?", fragte Sandy ihn draußen am Wind; und man hörte nie, was da los war. Das Gesicht des Bahnhofsvorstehers wurde so dunkel wie seine Nase, und er rief Sandy für alle möglichen bösen Dinge aus, die je passiert sind.

Sal, Sandy, drängelte sich jedoch vor ihm, und als der Zug losfuhr, schrie das Volk, als wäre es eine königliche Hochzeit. Der Bahnhofsvorsteher schrie nicht.

Als ich über die Forth Brig ging, dachte ich, Sandy würde zwei- oder dreimal die ganze Zeit am Fenster stehen. Ich war gerade mit ihm und seinen Leuten in einem Fünfer. Wie auch immer, wir landeten direkt in Edinboro. Und was für ein Tag! Als wir nachts in einem Abstinenzhotel ankamen, dachte ich, ich hätte eine Chance auf ein bisschen Ruhe. Aber halt die Klappe! Na gut! Ich werde dir die ganze Geschichte ganz genau erzählen.

Es war ein ziemlich gemütlich aussehendes Haus, und wir bekamen ein schönes, sauber aussehendes Schlafzimmer, und nachdem alles arrangiert war, machten Sandy und ich uns auf den Weg nach Holyrood, wo Königin Mary einen ihrer Geiger umbringen ließ, und wo John Knox sie dafür verwarnte, dass sie sich wie eine Heidenkönigin aufführte, anstatt die Königin von Schottland zu sein. Nun, es war sehr spät, als wir in unser Hotel zurückkamen, und wir aßen nur eine Kleinigkeit zu Abend und gingen die Treppe hinauf. Wir waren drei Stufen hoch. Wir setzten uns, machten eine Pause und schauten auf den Wind, denn wir sahen eine Strecke über der Stadt, und es war schön, die Lichter funkeln zu sehen und die Geräusche zu hören.

Es war zwölf Uhr, und wir dachten, es wäre Zeit, ins Bett zu gehen. Ich war wach und Sandy war gerade fertig, als er mit seinem Notizblock hereinkam. Er war in einer Handtasche von Sandy und er hatte ihn unten in der Lobby liegen gelassen. Sandy kann ohne seinen Notizblock nicht schlafen – nein, er!

"Was soll ich tun?", sagt Sandy. Er trug sein langes weißes Nachthemd, ging zur Zimmertür und öffnete sie. Er sah hinaus, aber alles war so still wie der Tod.

"Ich laufe einfach runter", sagt er, "alle sind im Bett. Ich laufe einfach runter und nehme dabei meinen Regenschirm und meinen Hut mit, aus Angst, sie könnten ihn mitnehmen. Man kann nie wissen."

Er ging in seinem langen Nickerchen die Treppe hinunter, um die ganze Erde zu erblicken, als wäre ein Leichnam aus der Kirche geflohen. Er war nicht im Geringsten draußen, als ich befürchtete, dass etwas passieren würde, und ich setzte mich einfach zitternd im Bett auf.

Sandy kam gerade in die Eingangshalle; es war dunkel und still im Grab. Er rannte herum, bis er die Tasche hatte; dann suchte er nach seinem Hut und setzte ihn auf den Kopf. Er steckte seinen Regenschirm in die Tasche und die Tasche in die Hand, und dann drehte er sich um, um zu sehen, ob er noch etwas vergessen hatte. Zufällig stieß er an den Griff der Glocke, und als er sie anhob, gab es ein Knacken und ein Scheppern, das Sandys Kopf völlig aus der Fassung brachte und die Hälfte der Leute im Haus aufweckte. Sandy lief die Treppe hinauf; und er war ein graues Bild, mit seinen langen, weißen Sark-Schwänzen, die durch die Luft flogen, einem hellen Hut auf dem Kopf, einem Regenschirm in der Brust, der Tasche in der Hand und der Glocke in der anderen, die bei jedem Sprung knallte und klirrte. Es hätte den Teufel höchstpersönlich erschreckt. Der dumme alte Kerl war so durchgedreht, dass er mit der Glocke in der Hand davonrannte.

Es gab Feuergeschrei und Mordgeschrei, und innerhalb einer halben Minute war das Hotel so voll wie am helllichten Tag. Sandy vergaß, wie viele Stufen er hinaufsteigen musste, und rannte mitten in das Zimmer unter dem Stockwerk, wo ein alter Kapitän und seine Frau saßen. Sie waren beide wie gelähmt, als sie sahen, wie Sandy mit seinem schwarzen Hut, seinem weißen Schläger, seinem Regenschirm und seiner Tasche und der Totenglocke auf sie zukam.

„Bitte, bitte", brüllten der Kapitän und seine Frau – und Sandy kam aus der Tür. Er lief einen Gang entlang und floh wie ein Wildschwein. Ich hörte ihn schreien, als wäre er tief in der Erde gelandet : „Bawbie, Bawbie! Oh, wer bist du, Bawbie?"

„Was in aller Welt ist er oder was ist mit ihm los?", hörte ich jemanden speeren .

„Gute Ahnung", sagte eine andere Stimme. „ Das ist bestimmt irgendein Milchmann mit den verdammten Teufeln."

würde ein Milchmann mit einem Regenschirm, einem Reisegepäck und einem hellen Hut machen?"

Genau in diesem Moment floh Sandy wieder durch den Gang, und inzwischen waren alle Leute im Hotel auf der Treppe. Wenn Sie nur das Durcheinander gesehen hätten. Sie rannten die Treppe hinunter , in die Vorratskammern, unter die Tische; die Zimmertüren schlugen wie Donner, und Sandys Klingel läutete, als hätte Gabriel seine Trompete verloren. So einen Lärm hat man noch nie gehört. Ich sah ihn die Treppe hochlaufen. Die Treppe war voller Leute, die in ihren Unterhosen herumliefen, um zu sehen, was los war; aber ich kann Ihnen versichern, als sie Sandy hochlaufen sahen, wären sie verschwunden. Sechs Polizisten hätten sie nicht so schnell vertreiben können. Er kam schlagartig in mein Zimmer und ließ sich auf einen Stuhl fallen, ziemlich weit weg von der Leine.

"Oh, Bawbie, Bawbie!", rief er, " gib uns was zu trinken. Nimm den Regenschirm", sagte er und hielt mir die Glocke hin. "Ich bin durch Edinboro geflohen und hatte nichts an außer meiner Mütze und meinem Hemd, und die Kohlenarbeiter im Königreich läuteten ihre Glocken hinter mir her. So ist das! O je, ich wünschte, ich wäre wieder zu Hause! O je, ich!"

mit deiner Hand umhergerannt bist ."

Sandy sah auf die Klingel, und man sah kein einziges Gesicht, als er sie anmachte. Er ließ sie mit einem lauten Krachen wie ein Donnerschlag auf den Kamin fallen, und ich hörte eine Vogelschar aus unserer Schlafzimmertür davonhuschen.

Ich erzählte dem Wirt, wie es passiert war, und am nächsten Morgen beim Frühstück hörte man nichts von dem Start. Alle Jungs klatschten Sandy auf die Schulter und einer von ihnen sagte: „Ja, Mann, es sind nicht viele Leute, die ihren Hut und ihren Regenschirm mit ins Bett nehmen . “

Aber der alte Kapitän war der König unter ihnen allen. Wie er Sandy erzählte, er sei ein Schlafwandler oder so etwas.

„Wenn du eine Glocke stehlen willst“, sagte er zu Sandy, „dann trag sie an der Zunge, Mann. Das ist sicherer. Glocken und Weemin sind furchtbare Bettler, wenn ihre Zungen leise werden.“

mit Sandy zusammen , und, wohlgemerkt, er mietete ein Taxi und fuhr Sandy und mich um den Wagen herum. Er sagte, er sei in Carnoustie und er wollte nichts tun, aber wir würden kommen und eine Tasse Tee mit ihm trinken. „Und wenn Sie eine Nacht bleiben“, sagte er, „wir werden uns sehr freuen. Und ich werde die Glocke für diese Nacht an die Hundemuschi ketten.“

Ja, gut! Es ist gut, jetzt zu starten, wenn es voll ist. Aber wenn Sie an meiner Stelle gewesen wären, hätten Sie nicht viel gestartet, das wette ich.

IV.
EIN GESPRÄCH ÜBER DEN HIMMEL.

Sandy hat letzte Woche eine furchtbare Dosis Kälte abbekommen. Ich habe ihn noch nie so schlimm gesehen. Letzten Mittwoch war er beim Fußballspiel und ist seitdem kaum noch aus der Tür gewesen. Am Sonntag kam ein kleiner Junge raus, der sich gerade die Nase voll hatte und seinen Hut nicht aufsetzen konnte; also musste er den Sabbat zu Hause bleiben und verbrachte den ganzen Tag im Haus damit, Tammas Bostons „Power-fold State" und „Pilgrim's Progress" zu lesen. Sehen Sie, Sandy ist ein bisschen ein Theologe, wenn es ihm gut geht. Wenn er mit einem Host oder einem anderen Kopf im Haus bleibt, nimmt Sandy einfach eine Dosis Medizin und beginnt, sich mit Bunyan oder der Bibel zu beschäftigen. Er ist ein seltsamer Kerl, auch wenn er ein merkwürdiger Charakter ist.

Aber wir hatten am Vorabend eine Art Kirchenversammlung, denn David Kenawee und Bandy Wobster kamen herein; und sie waren nicht gut vorbereitet, als Jacob Teylor, der Schmied, und Stumpie Mertin mit ihnen kamen. Gairner Winton kam herein, um zu sehen , was mit Sandy passiert war, denn er hatte ihn noch nie in der Kirche gesehen. So ein Haus hat man noch nie gesehen! Sandy saß am Kamin mit einem alten Mantel und einer haarigen Haube auf, und ihr Saxophon knackte, so etwas hat man noch nie gehört. Man hätte wirklich gedacht, es wäre eine Versammlung des Presbytes – sie sprachen alle miteinander.

„Und was hat der Pfarrer am Sonntagabend gesagt, Gairner?", frage ich, nur um sie davon abzuhalten, am Sonntagabend über Politik und dergleichen Unsinn zu plappern.

"Er hatte zwei Texte in der Nacht, Bawbie", sagte der Gairner. "Er nahm die Wörter in 2. Könige, 2. und 11., und in Lukas, 9. und 30., und hielt eine schöne Rede darüber, wie Elias in dem feurigen Wagen in den Himmel emporgehoben wurde und hundert- oder tausendjährige Jahre später wiederkam, genau mit demselben Gefährten, mit dem er weggegangen war. Er sagte, wir würden unsere toten Freunde im Himmel wiedersehen und sie genauso wiedererkennen, als wären sie nur für eine Weile von zu Hause weg gewesen."

"Ich habe diese Ansicht nicht verstanden", sagte Bandy Wobster. "Er hätte alle geglaubt, dass die Leute im Himmel nie älter werden. Die Sache scheint mir lächerlich. Elijah kam tausend Jahre nach seiner Geburt zurück, ohne dass er sich auch nur im Geringsten verändert hatte; das war seine Vorstellung davon."

„Es ist ein sehr heikles Thema", warf der Schmied ein, „aber Leute, Jungs, ich habe mit dem Pfarrer zu tun."

Er ist ein wirklich netter Kerl, der Schmied. Manchmal könnte man meinen, er wäre zum Pfarrer bestimmt, so kluge Dinge sagt er, und nach einem Gespräch mit ihm fühlt man sich immer besser.

"Seht ihr", fuhr er fort, "ich möchte nicht, dass es nur so ist. Denkt ihr an meine kleine Elsie? Armes Mädchen, es ist – seht ihr; ja, es ist zwei Jahre her wie Mertimas, seit sie weg war. Ja, Mann; und sie hat mehr von meinem Herzen in ihrem kleinen Sarg mit sich genommen , als sie vor sich zurückgelassen hat. Ein hübsches kleines Mädchen war sie, Bawbie, wie ihr wissen werdet. Sie war gerade sieben nach, als sie weg war; und wenn ich sie wiedersehe, möchte ich, dass sie genau das gleiche hübsche kleine Mädchen ist, das am Samstagnachmittag mit ihrem Pfoten hereinkam und mir sagte, sie hätte ein hässliches Herz – das hässlichste Herz, das sie je hatte. Seht ihr, Jungs, wenn Elsie älter geworden wäre in Himmel, sie wäre diesmal eine Frau mit fast zwanzig Gin, und für mich wäre sie nie dieselbe gewesen." Und der Schmied blickte ins Herz des Feuers, als hätte er etwas getönt; und ich sah, wie sich sein Mund füllte.

„Ich glaube, der Pfarrer sieht sich die Sache auch an", sagte der Gairner. „Aber ich muss zugeben, ich kann es einfach nicht begreifen."

„Da ist etwas dran an dem, was der Schmied sagt", sagte Bandy; "Aber wenn es im nächsten Leben nicht nur ein Kind geben soll, dann wird es ein paar Leute geben, die eine graue Traurigkeit haben. Da war Mysie Wilkies Kind, das vor langer Zeit dort in der Loan starb. Es war ein armes, wämlich aussehendes Geschöpf, und es war erst vor ein paar Tagen gestorben, als es brünstig wurde und sich in ein oder zwei Stunden schloss. Mysie, das arme Geschöpf, hat es nie gewusst. Sie war die ganze Zeit schlau und sie folgte ihrem Kind zwei Tage später. Wollen Sie mir sagen, dass Mysie mit ein bisschen Kind eine Ewigkeit lang hinterherhinken wird, und es wird nie auch nur die Länge des Lebens erreichen, bis es erwachsen wird, um sich um sich selbst kümmern zu können? o'ts sel? Das Ding ist nicht zu übersehen."

„Aber es gibt genug kleine Mädchen, die das Kind in einer Kutsche herumkutschieren können", sagte der Schneider. „Ich weiß nicht, wie Mysie ihr Kind für eineinhalb Stunden loswerden kann."

„Aber das wäre für die Mädchen einfach ein Scherz, ja", antwortete Bandy.

"Das ist etwas, worüber ich oft nachgedacht habe", sagt Sandy, "und das Einzige, was ich klarmachen konnte, war, dass jeder im Himmel gerade in seiner Blüte stehen wird. Ich habe mir gedacht, dass alle Männer, sagen wir, etwa fünfunddreißig oder zwischen vierzig und die Kleinen vielleicht fünf oder fünf Jahre jünger sein würden."

„Und sie hätten wohl die gleiche Größe, was meinst du?", sagt Stumpie Mertin. Stumpie ist Schneider, weißt du, und ich nehme an, er hat sich schon gefragt, wie er mit dem Messen klarkommen würde.

„Über die Größe kann ich nichts sagen", sagt Sandy. „Es liegt an der Zeit, in der wir heute aufgewachsen sind."

"Nein, nein , Sandy, das wirst du nicht tun", sagte der Schmied. "Es wird Kinder und alte Leute im Himmel geben, so wie es hier ist. Alte Leute werden nicht gestorben oder verwitwet, wie es in dieser Welt ohnehin der Fall ist, aber es wird junge Leute geben, die sie anleiten und beraten können. Es wäre ein armes Unterfangen, denke ich, wenn niemand besser wäre als sein Bruder, und du hättest nie die Chance, einen guten Dienst zu tun."

"Das ist jenseits meines Verständnisses", sagte der Gairner. "Die meisten Leute denken, es wird ein schöner Ort sein, wo es weder Ärger noch Verrat gibt . Aber ich glaube, wir müssen uns einfach auf die Bibel verlassen, Jungs, und darauf vertrauen, dass es richtig ist, was auch immer passiert."

„Es gibt jedoch eine Sache, die ich mit dem Minister nicht besprechen möchte", sagte der Schmied. "Ich kann die Vorstellung nicht fassen, dass große Scharen von dämlichen Männern und kleinen Taugenichtsen den ganzen Tag nichts anderes tun, als Lieder zu singen. Ich habe oft darüber nachgedacht, und eigentlich, Sandy, ich glaube nicht, dass ich glücklich sein könnte, wenn ich mein Atelier und meinen Hammer nicht bei mir hätte; denn ich bin einfach nur sensibel, wenn ich nur herumhänge. Was das Singen betrifft, kann ich keinen einzigen Song singen. Es ist nicht so, als ob es für wohlhabende Leute nichts anderes tun würde, als Woche für Woche zu singen und zu singen. Für Litlaner und mittelmäßige Freunde wie Mertin hier mag das funktionieren; aber gesunde Leute mit ihren Fähigkeiten können sich eine Woche lang nicht damit aufhalten, sondern nur eine Ewigkeit."

Stumpie ist ein furchtbar pfeffriger Kumpel, und obwohl der Schmied sich aufgeregt hatte, als er seinen Witz über die Schneiderin machte, fuhr Mertin wie eine Wespe auf und schnatterte zurück: „Vielleicht geht es dir woanders besser, mit deinem alten Pferdestall und deinem Schmiedegestank, du alter Schoßhund –"

"Tut, tut, Mertin, werde nicht böse", sagt der Schmied. "Es war nur ein Scherz, Mann. Ich habe keine Ahnung, dass ich unter Engeln und solchen Leuten wie Billy kaum am richtigen Platz wäre . Aber ich sage dir, was es ist, ich muss für mein Leben im Himmel genauso arbeiten wie hier, wenn ich jemals dorthin komme. Ich könnte nie meine Zeit damit verschwenden, irgendetwas zu tun, und das ist es, was mich vom Pfarrer unterscheidet."

"Aber ich glaube, man hat uns gesagt, dass es viele Villen geben wird", sagte ich; "und zweifellos wird es auch viele Arten von Beschäftigung geben. Ich denke, es besteht die Möglichkeit, dort oder dort glücklich zu sein. Ich wünschte nur, wir wären sicher, dass wir es auch schaffen würden."

"Ach, Bawbie, Mädchen, das ist es, was du besser findest als der ganze Haufen davon", sagt der Schmied. "Wir machen uns auf den Weg zu einem Ort, den wir vielleicht nie erreichen werden; und ich denke, es ist besser für uns alle, hier zu bleiben und das zu tun, was fair und richtig ist. Wenn wir das sicherstellen, können wir den Rest einer höheren Hand überlassen."

Mistress Kenawee landete, um zu sehen, was mit Dauvid passiert war, und, meine Güte, als ich auf die Uhr sah, war es fünf Uhr vor zehn. Wir hatten uns so lange über die Ewigkeit gestritten, dass wir die Zeit ganz vergessen hatten.

V.
TEEPARTY VON MISTRESS MIKAVER.

Ich werde es zugeben, wohlgemerkt, aber die Männer liegen nicht weit daneben, wenn sie sagen, dass Frauen die schrecklichsten Langsprachen sprechen . Aber nein , wohlgemerkt, es ist mehr als wahr; es ist mehr als wahr!

Mistress Mikaver wollte mich am Dienstagabend auf eine Tasse Tee einladen; also bedeckte ich meine Hände und mein Gesicht ein wenig, zog meine Sabbatkleidung an und machte mich auf den Weg. Ich traf Mistress Kenawee auf der Straße, und als wir an Land gingen, trafen wir eine Versammlung von Frauen, wie man sie am Morgen an der Mossy Wall gesehen hatte, bevor die neue Wasserversorgung in der Nähe der Stadt eröffnet wurde.

Mysie Meldrum war dort und trug ein schönes Kleid mit Neudruck. Hand auf die Zunge! Fünf Babbees auf dem Hof! Ich habe es bis ins Mark in Hantins Restfenster des Tuchhändlers gesehen. Aber, ehrlich, Mysie war stolz darauf, und das war kein Fehler. Es war auf die allererste Art gemacht, bis auf die Brust gezogen und schauderte wie große rauchende Schinken, und Mysies kleines Gesicht schaute dazwischen heraus, als säße sie in einem altmodischen Sessel. Aber natürlich mache ich mir nie Gedanken darüber, was die Leute anziehen.

Mistress Mollison war genauso gemischt wie wir alle. Sie wollte zwei oder drei Leute anziehen, und das war ihr auch nicht vergönnt.

"Was ist aus ihrem Robbenfell geworden?", fragte mich Mistress Kenawee mit einem kleinen Schubs, als wir aus dem Haus gingen, um unsere Sachen zu verstauen; aber ich sagte nichts, denn Tatsache ist, dass ich dachte, Mistress Kenawee habe sich selbst geschlagen. Am Schwanz ihres Hinterteils hing ein großes schwarzes Bortenstück, und die Rückennaht ihres Körpers war an zwei oder drei Stellen zerrissen. Und um die Wahrheit zu sagen, ich war selbst nicht sehr tapfer. Ich denke, wie ich die Frau des Gairners habe sagen hören, dass diejenigen, die Hosen zerrissen haben, besser sitzen bleiben sollten.

Gairner Wintons Frau war da und sah genauso glücklich und fröhlich aus wie wir alle; und Ribekka Stein kam herein, als ich und Mistress Kenawee uns unter die anderen setzten. Mistress Mikaver war ganz meine Geliebte und lief von der Straße bis zum Rand, um alles nach Hause zu bringen und alles zu verschönern. Ich bemerkte, dass die Dame einige der Stühle, auf denen sie saß, nicht verlassen konnte; aber sie kam mit ihren Freundinnen und der Teemaske ohne ein einziges Missgeschick durch, und wir setzten uns für unseren Tee an den Tisch.

Mistress Mikaver hatte das Kinn ihrer Mutter und eine schöne Tischdecke ausgezogen, die ihre Mutter nicht gesponnen hatte, sagte sie. Sie hat ein furchtbares Haus voller Stechpalmen, Mistress Mikaver; eine Hand nach der anderen und eine Kiste nach der anderen. Ich versichere Ihnen, das Mädchen, das den jungen Alek bekommt, wird nichts zu besorgen haben.

Sie hatte alles in Ordnung; es war ein perfektes Vergnügen, dort zu sitzen ; und ich bemerkte eine laute Stimme des Gebäckbäckers, die über dem Bett hing. Er muss eine Menge Babys zurückgelassen haben, denn ich versichere Ihnen, sein Vater hat ein großes Haus und damit jede Menge zu tun .

Also, wir haben unseren Tee getrunken, wie ich Ihnen erzählt habe, und es war eine feine Tasse. Na ja, eine Tasse frischer Tee ist etwas Feines. Es gibt nichts, was ich lieber mag; er ist so erfrischend, besonders wenn man jemanden hat, mit dem man sich unterhalten kann, während man dabei ist. Und ich kann Ihnen versichern, dass wir es am Nachmittag nicht satt hatten, uns zu unterhalten. Die Frau des Gairner und Mysie Meldrum sind zwei furchtbare Zungenbrecher; und einige der anderen waren nicht weit vom Hent entfernt , das fürchte ich.

„Nein, seht einfach zu und macht es euch gemütlich“, sagte Mistress Mikaver in ihrer üblichen spritzigen Art.

„Und wie das alte Sprichwort sagt: Wenn einem nicht gefällt, was serviert wird, nimmt man einfach , was man mitgebracht hat“, sagt Mistress Winton und legt los. So ein Geschöpf hat man noch nie für diese alten Sprüche gehört, und Mysie ist noch lange nicht weg. Meine Güte , sie besudeln sich gegenseitig mit Sprichwörtern, genau wie die Schurkenjungen mit ihren Sprüchen.

„Da ist Moses Certrichs Frau“, sagt Mistress Kenawee und deutet nach draußen auf die Veranda. „Sie ist ein schäbiges, unheimlich aussehendes Geschöpf. Ich bin sicher, Moses hat nicht viel mit ihr zu tun , so schaurig wie sie ist.“

"Eh, halt die Klappe!", sagte Mistress Mollison. "Der arme Mann hat sich gerade mit ihr zusammengekauert , die träge, spurlose Spur. Aber es sind die Kinder, die mir leidtun. Ihr werdet sie am Morgen wiedersehen, bis auf den Kopf bekleidet, und ein schmieriges Stück in ihrer Hand, mit kaum gewaschenen Händen oder Gesichtern und ihren Häuten so fettig wie das Hündchen eines Bettlers. Es ist mir ein Dorn im Auge, dass Moses nichts zu trinken wagt."

„Er ist selbst schuld“, lachte die Frau des Gairners. „Sie stammt aus einer schlechten Familie. Er wusste, was sie war, bevor er sie heiratete. Aus einem Sack kann man keinen Seidenbeutel machen. Na, na ! Wenn Sie ein gutes Bündel wollen, gehen Sie zu einem guten Bündel.“

„Da haben Sie recht, Mistress Winton", sagte Mysie. „Nehmen Sie eine Katze Ihrer Art und sie wird Ihnen keine Angst machen, pflegte meine Mutter zu sagen; und ich bin sicher, ich habe schon erlebt, dass das wahr geworden ist, oft."

"Man sagt mir", sagte Mistress Kenawee, "dass Moses ihr jede Woche sieben Schilling und zwanzig Schilling gibt, damit sie ihr Haus unterhalten kann. Was sie damit macht, ist mir ein Rätsel. Eine Mutter würde die Hälfte davon bekommen und damit ein halbes Kind ernähren und versorgen."

„Aber Moses ist ein tölpelloser, sturer Typ", sage ich. „Die Schuld liegt wahrscheinlich nicht auf der Seite des Hauses. Es gibt viele deiner mutigen Jungs, denen du nicht an ihre eigene Türschwelle folgen musst. Wenn es im Haus Lärm und Dreck gibt, kriegt die Frau immer den ganzen Mist. Moses hat viel über die Frau zu sagen. Sie mag krank sein, aber er ist nicht der Mann, der auf dem ganzen Land wie Neusaat säen kann."

„Da hast du recht, Bawbie", sagte Mistress Winton. „Ich habe Moses das Gesicht von der Kiste vor dem Tag erzählt. Kaum jemand erzählt, dass sein Vater gehängt wurde."

„Er ist ein schlechter Mann, der seine Frau betrügt, obwohl sie die Schwester des Teufels ist", sagt Mysie; und sogar Ribekka machte ein lautes Geräusch und flüsterte sich zu: „Eh, ja, das ist ein gutes Wort."

„Ich werde nicht wieder so etwas sagen, Leute", sagte Mistress Mikaver, „denn Wellum war ein guter Mann für mich"; und sie holte tief Luft durch die Nase und sah auf das Bild über dem Kumpel. „Ich glaube, ich habe Moses schon einmal in einem Schluck gesehen; aber er sieht ziemlich gut aus", sagte sie.

„Er ist so etwas wie mein Mann", platze ich heraus. „Er ist grau und oft weg, wenn er zu Hause sein sollte. Es gibt nicht viel für eine Frau, wenn sie Tag für Tag mit sieben Litlans trauern muss, und ein schwätziger Mann kommt gerade zu den Essenszeiten herein, kocht als Erstes und als Nächstes, droht, dass sein Brei nicht halb gekocht ist, köchelt und überwintert, bis er ein oder zwei Minuten auf sein Abendessen oder seinen Tee warten muss. Moses Certricht ist ein sauer, nerviger Kerl, und er tadelt seine Frau ganz unbarmherzig wegen eines kleinen bisschens Kumpel. Sie ist vielleicht nicht besser, als sie angeblich ist. Sie hat mit ihrer Arbeit nichts zu tun gehabt, und sie ist furchtbar merkwürdig mit ihrem Haus; aber sie bekommt ein bisschen von Moses, um sie zu heilen – das ist meine Meinung."

„Viel zu viel, Bawbie, wie der Teufel zum Schuster sagte", sagt Mysie. „Ich würde nicht sagen, aber du hast vielleicht auch recht."

"Diese Töchter machen dumme Frauen", sagte die Frau des Gairners. "Sie wurde zu Hause verwöhnt, bevor Moses sie sah. Ihre Mutter dachte, es gäbe keine Mädchen wie ihre, und ich bin sicher, sie hat sie mit aller Kraft gefoltert. Aber Sie werden oft sehen, dass diese fleißigen Mütter verantwortungslose Töchter machen. Gleichzeitig, wie meine Mutter oft zu sagen pflegte, hat ein schlechter Schafscherer nie ein gutes Leben, und ich vermute, Moses und seine Frau, wie es so oft vorkommt, schieben einander beide in die Schuhe."

Wir haben uns den Tee gegönnt und uns mit unseren Strümpfen und Nähten an die Wand gesetzt, nur um uns einen richtigen Corrieneuchin zu verpassen, wie Mistress Winton es nannte. Mysie und ich trugen beide Rippensocken, also versuchten wir es mit einem Stent . Aber Mysies Zunge eiterte stärker als ihre Drähte, und ich hätte sie lieber verschont. Sie vergaß etwas von ihren Einstichen und hatte ihr Strumpfbein ein bisschen zu weit nach unten gezogen, als sie an die Spitze ihres Stricks kam.

„Ein gedankenloser Körper ist immer ein Opfer", sagte die Frau des Gairners, als Mysie begann, aufzuschreiben, was sie getan hatte.

"Tut ja", sagte Mysie. "Wenn ein Kumpel auf den Hügel kommt, kann ich dir einen geben."

mit ihren Sprichwörtern so lange weitergemacht , bis ich ein bisschen nervös wurde, wissen Sie. Sie waren so furchtbar dämlich, dass sie, was die Fakten angeht, wohlgemerkt, einige der anderen fast in den Wahnsinn getrieben haben .

„Haben Sie gehört, dass Ribekka hier Jeems Ethart holen sollte?", sagte Mistress Mollison zur Frau des Gairners, nur um sie auf Beeks Hahn aufmerksam zu machen.

Ribekka errötete wie ein fünfzehnjähriges Mädchen, steckte die Zunge an die Oberlippe, schüttelte den Kopf und sagte: „Eine Menge Geschwätz. Jesus hätte kein armes Ding wie mich."

„Das sagst du mir nicht!", sagte Mistress Winton, ohne zu merken, dass sie Ribekka gehört hatte. „Das ist es also? Pfui! Was denkst du darüber, na ? Guter Kerl, Ribekka. Er ist ein netter Kerl, Jeems, und er wird sich um Ribekka kümmern, den jungen Taed. Was hättest du gedacht?"

Ribekka hatte ihre Mütze zur Hälfte aus der Spitze ihrer Schürze gemacht und genoss das Scherzen köstlich, obwohl sie ohne sie furchtbar beschäftigt war .

„Besser still sitzen, als aufstehen und gehen", sagte Mysie. „Wenn ich Ribekka wäre, würde ich warten. Ich würde gern den Mann sehen, der mich aus meinem jetzigen Zustand befreien würde."

„Er brauchte nicht sehr parteiisch zu sein", sagte ich, nur um Mysie einen Backca zu geben; denn sie segelte ganz schön hart gegen den Wind, dachte ich. „Als ich jung war", sagte ich, sagte ich –

„Alte Frauen waren immer gute Mädchen", warf die Frau des Gairners ein, und ich sah, dass ich in die Enge getrieben war, und sagte nichts weiter.

„Und ein übler Kerl noch dazu!", sagte Mysie mürrisch . „Es ist besser, den Teufel vor der Tür zu halten, als ihn aus dem Haus zu jagen."

„‚Saut', sagte der Untergebene, als er das Schwein aß und sich über den Schwanz Sorgen machte", war der Kommentar der Gairner-Frau; und Mysie mochte das nicht, das kann ich Ihnen sagen.

„Das hast du dir nicht gedacht, als Dossie Millar, der Schullehrer, immer zu dir kam und dich besuchte, wenn du oben beim Provost warst", sagte Ribekka zu Mysie. „Wenn da nicht der Deckel des Wasserfasses gewesen wäre, der da drüben in der Nacht war, hättest du Dossies Kinder an dem Tag beschissen – und deine eigenen auch."

Wir alle haben herzlich über Ribekkas Ausbruch gelacht.

"Eh, das war ein Pliskie", sagte Mistress Kenawee. "Dossie hat an dem Abend einen grauen Tropfen bekommen. Sie sagten, es war einer der Kutscher, der hinter Mysie her war und den Deckel halb durchgesägt hat; und als Dossie hochkletterte, um mit Mysie an der Fensterbank zu knacken, ging er bis zu den Ösen hinein. Die Geschichte war, dass Mysie ihre Chance bei ihm ziemlich verspielt hat, indem sie beim Start herausplatzte, als er aus dem Fass kletterte, das durch und durch durchnässt war. Er kam nie darüber hinweg, denn es ging los, und die Kinder in der Schule fingen an, ihn den Drookit Dominie zu nennen. Er bekam einen Job in der Druckendub-Schule und sah Mysies Luft nie wieder an."

"Ihr seid echt krass", sagte Mysie. "Ihr kennt mehr, als je zuvor passiert ist; aber der Mann, der mich einmal betrügt, ist schändlich für ihn; wenn er mich zweimal betrügt, ist schändlich für mich. So sehe ich die Dinge."

Diese Art, sich gegenseitig zu beschimpfen, ging die ganze Zeit weiter, und wir waren gerade mitten in einem Wirbelwind über die beste Heilung für den verrückten Gastgeber, als die Tür zur untersten Treppe klirrte und an einer anderen Stelle Sandy in seinen schwarzen Ärmeln zuckte und ihm die Haare wie ein Bündel wirrer Haare herumflogen.

„Pass gut auf mich auf, Sandy", sage ich, „was ist passiert?"

„Ja, je mehr, desto besser, aber je weniger sie gestehen, desto besser", sagt Mistress Winton.

in dich eingemischt , Sandy?"

Aber Sandy konnte kaum raus. Er stand da wie ein Welpe am Ufer und starrte um sich wie ein Jagdhund.

„Geigerhunde und Fleischerflöhe kommen unaufgefordert zu Festen", sagte Mysie, aber Sandy warf ihr einen finsteren Blick zu, der ihr das Maul schnell grau werden ließ.

„Was in aller Welt ist los, Sandy", sage ich und schüttele ihn.

"Was-was-was ist der Grund, Bawbie?", sagt Sandy. "Da ist eine Kesselflickerin, die einen Bawbie-Dienst braucht, und ich habe den Laden dafür aufgesucht und bezahlt."

„Erzähl mir, Sandy", sage ich, „ist das, was du hier gegessen hast? Du bekommst es in einer Senfdose in der Pfefferschublade. Aber was ist im Laden?"

„Oo, genau die Bastlerfrau", sagt Sandy.

„Na, haben Sie das jemals getan?", sagte Mistress Kenawee und hob die Hände.

„Nein!", sagte Sandy und wandte sich ihrem bösen Gesicht zu. „Hast du?"

„Das ist ein Beispiel dafür, wie ihr eure Männer nennt", sagt Mysie. „Na, na, es gibt kaum Leute, die ihre Strümpfe mit Dübeln flicken."

„Mein Gott, Sandy, sie wird mit der Kasse weg sein, bevor du zurückkommst", sagte ich. „Lauf weg, nicht so fest, wie deine Füße dich tragen."

„Das ist eine Angst", warf Sandy ein. „Ich habe dem Pileceman gesagt, er solle an der Tür stehen bleiben, bis ich zurückkomme. So blöd bin ich noch nicht."

"Und die Frau des Kesselflickers will einen Schurken mit Grundbesitz?", sagte die Frau des Gärtners. "Das schreckt den Schurken ab."

"Dann lauf ich", sagte Sandy. "Ich komme gleich rein; du brauchst dich nicht zu beeilen, Bawbie", fügte er hinzu, als er sich aus dem Staub machte; und mit der Tür in der Hand sagte er: "Der Pileceman hat es auch eilig, siehst du. Er muss Gairner Winton nach Hause bringen. Er liegt in Familie Taberts Wirtshaus, schrecklicher Foo"; und er rannte los und riss die Tür mit einem Donnerschlag hinter sich her.

Wenn Sie Mistress Wintons Gesicht gesehen hätten! Es war ein Bild. Sie schüttelte ihren Kopf von einer Seite auf die andere und hielt die Klappe geschlossen, als würde sie ihn nie wieder öffnen; aber nach einer Weile spuckte sie zwei oder drei Würgereize aus, als ob sie ihr die Zunge verbrannt hätten. „Eine Hundezunge ist kein Skandal", stammelte sie.

"Besser das Ende eines Festes als der Anfang eines Streits", sagte Mysie. "Wir müssen uns nicht betrinken. Kommen Sie und setzen Sie sich , Mistress Winton. Bawbies Mann will nur einen Schlag auf Sie . Verwechseln Sie sich nicht; der Gairner ist ein ebenso nüchterner Richter, das garantiere ich."

Aber das Geschehen würde sich nicht irgendwann danach ändern. Es gab einen Haufen Geschehnisse und so weiter; also ging ich vor 20 Uhr nach Hause , denn ich saß einfach auf meinen Pfosten und dachte, ich meine, Sandy würde hereingeplatzt kommen und brüllen, er hätte das Paraffinfass weggestellt. Ich war froh, als ich nach Hause kam und alles wieder in Ordnung fand; obwohl Sandy Nathans Kuscheltiere im Laden mit einer seiner Hände in seinem Hündchen über die Theke hüpfen ließ . Es ist nur sein Ding, der Kerl. Er kann nichts dafür.

„War die Kesselflickerfrau hier, als du zurückkamst?", fragte ich Sandy.

„Oo, ja", sagt er. „Ich habe ihr ihr Ceenimin gegeben."

„Nach Abzug des Geldes des Bergarbeiters würde aus dieser Transaktion kein großer Gewinn mehr herauskommen", sagte ich. „Wie haben Sie nicht gerade gesagt, dass der Untergrund eine Düne ist?"

„Denn das wäre ein Windschatten gewesen", sagte Sandy.

„Nun, Sie hätten merken können, dass Sie nicht wussten, was es war", sagte ich.

„Das sähe lächerlich aus, und ich bin der Ladenbesitzer", sagte Sandy.

„Na ja, aber siehst du nicht, dass es lächerlich war, einem Polizisten die Finger davon zu lassen, auf eine klemmige Frau aufzupassen, die nur einen Hauch von Grund auf wollte", sagte ich ganz scharf zu ihm.

"Besser, man gibt dem Pileceman Geld, als man nimmt die Kreatur vor die Shirra, weil sie gestohlen hat, und vielleicht hat die Toon eine Menge Geld dafür ausgegeben, dass sie sie im Schlund hält, mit Bahnfahrkarten für sie und zwei Fahrten nach Dundee. Das wäre völlig mehr Geld gewesen", sagte Sandy.

Mit Sandy zu streiten ist wie einen Weißen in einem Trockensteindeich zu jagen. Wenn man glaubt, ihn an einem Loch zu haben, platzt er einfach durch ein anderes. Ach! Wenn er so wild drauflos klimpert, kann ich nicht mit ihm baden!

VI.
SANDYS ZWEITE GEOMETRIE-LEKTION.

Mit all seinen Beinen hat Sandy ein bisschen Unabhängigkeit, wissen Sie? Es war ihm egal, von irgendjemandem beschimpft zu werden, besonders nicht von Leuten, die er nicht mochte. Erst am vorigen Tag zum Beispiel sprang Sandy vom Vorderteil seines Wagens. Sein Anfall hatte ihn irgendwie in die Hose gekitzelt, und er leckte sich am Zopf seines Rückens in der Gosse. Der Polizist stand zu der Zeit direkt auf der Straße und raste mit weit aufgerissenem Maul herüber.

„Erzähl mir, Sandy, Mistkerl", sagt er, „was ist passiert? Bist du vom Schiff gegangen?"

"Geh und kümmere dich um deine eigenen Angelegenheiten", sagt Sandy, springt auf und schüttelt sich. "Die Hütte gehört mir; ich kann nur herkommen, wenn ich will."

Der Bobby ging weg und rieb sich das Kinn. „ Verdammt ", sagte er zu Stumpie Mertin an der Straßenecke, „dieser Bowden ist der merkwürdigste Bursche, der mir je begegnet ist. Er ist auf dem Krippenstein in der Nacht zusammengeschlagen , und als ich nach oben lief, um zu sehen, ob er wirklich da war, wurde er einfach ungehalten und sagte, er könne nur von seinem Wagen herunterkommen, wenn er wolle. Haben Sie so etwas schon einmal gehört?"

"Er ist ein komischer Junge, Sandy", sagte Stumpie. "Manche Leute glauben, er will einen Penny pro Schilling, aber ich bin der Meinung, er hat nur etwa vierzehn Pence pro Schilling. Er ist ein alter Knirps, das kann ich Ihnen sagen."

Das ist genau meine Meinung, wissen Sie; und es hat mich irgendwie überrascht, Stumpie einmal in seinem Leben vernünftig reden zu hören. Er hat es immer nur getan.

Aber das ist nicht das, was ich Ihnen eigentlich erzählen wollte. Sandy und Bandy Wobster haben sich schrecklich lange gestritten. Jeden Abend waren sie entweder in der Waschküche oder auf dem Dachboden, und Sandy hat die Türen mit Gummi eingeschlagen und Ringe und Linien wie Eisenbahnen und so weiter darüber gemacht.

„Was ist das, was du und Bandy bis heute auf habt?", fragte ich Sandy am anderen Morgen, als wir gerade beim Frühstück saßen. „Ich weiß jetzt, Sandy", sagte ich, „dass du dich von den emanzipatorischen Spielen fernhalten wirst, die du gespielt hast, bevor es kalt wird."

"Da können Sie Ihr ganzes Geld draufsetzen", sagt Sandy, als er einen Penny aus dem Geldschein nimmt. "Diesen Winter wird es wieder etwas zu tun geben. Bandy und ich waren in der Gomitry beschäftigt. Mann, Bawbie, es ist wirklich sehr interessant. Macht es Ihnen etwas aus, wenn ich mit Ihnen über einige der Dreiecke und die Dinge spreche, die Ihnen da oben erzählt werden?"

„Also, schau mal, Sandy", sage ich, „ich sehe, dass du jede Tür im ganzen Haus mit deinen Dreiecken beschmiert hast, und sie haben genau die gleiche Form wie die, die Ekky Hebbirn in der Flötenkapelle gespielt hat, und wie ich dir schon sagte, ich werde keines davon im Haus haben. Bewahre mich, Mann, du wirst genauso viel Musik aus den Theatern bekommen und mehr."

„Bleib dran, Oman", sagt Sandy. „Du bist ganz auf der Spur. Es gibt keine Musik bei den Dreiecken . Sie haben nichts mit Musik zu tun . Sie dienen dazu, Dinge zu messen und zu verdrehen, bis sie zu einem Ergebnis kommen. Flötenkapellen! So ein Schwachsinn. Ich muss dir das Dreieckbuch zeigen. Wir haben die Beispiele noch einmal ein bisschen durchgenommen, damit es nicht stimmt. Nein, nur um dir eine Idee zu geben, Bawbie! Stört es dich, wenn ich dir das Beispiel von Dingen erzähle, die einander gleich sind, wenn sie etwas anderem gleich sind, das den Dingen gleich ist, die einander gleich sind?"

„Mir macht es etwas aus, wenn Sie solchen Unsinn von sich geben", sagte ich, und tatsächlich hätte ich angesichts des drolligen Gesichtsausdrucks von Sandy kaum aufhören können zu lachen.

„Nun", fuhr er fort, „das war das erste Beispiel; das Wichtigste ist, dass das Ganze größer ist als sein Teil. Das bedeutet, sehen Sie zum Beispiel, dass mein Wagen größer ist als die Straßenbahnen."

"Wie hast du das gemacht?", frage ich. "Meine Güte, Mann, wenn die Straßenbahnen nicht größer wären als der Bus, wie würde Donald dazwischenkommen? Das Ding ist lächerlich."

„Das siehst du nicht", sagt Sandy. „Nehmen wir zum Beispiel die Hintertür des Autos. Die Hintertür ist doch nur ein Stück vom Auto, oder? Na ja, dann ist das Auto doch bestimmt größer als die Hintertür."

„Du hast einen perfekten Körperbau", sage ich. „Die Hintertür hat genau die gleiche Größe wie der Hintereingang, sonst würdest du sie nie anbringen. Nur ein Kind weiß das, ob es nun ein Kind ist oder nicht."

„Du meine Güte, Bawbie", sagt Sandy und wird dabei ein bisschen pikant, „zumindest ist ein Scone sicher größer als ein Stück von einem Scone."

„Da ist nichts zu machen", sagte ich, „wenn der Scone, von dem Sie ein Stück haben, nicht größer ist als der Scone, der größer ist als das andere Stück."

„Das ist natürlich Teen, Grant“, sagt Sandy.

„Aber ich sehe nicht, warum das für die Hintertür des Autos einen Unterschied macht“, sage ich.

Sandy nahm einen wilden Bissen von seinem Stück und gab zwei oder drei seiner Chuck-Chucks, und dann sagte er: „Mann, Bawbie, ihr kleinen Leute habt keine Fähigkeit zum Denken. Niemand mit Logik braucht zwei Blicke, um zu erkennen, dass etwas größer ist als ein bisschen davon oder, wie es im Buch heißt, dass das Ganze größer ist als sein Teil. Das ist selbstverständlich. Nehmen wir zum Beispiel den Toon-Rat. Der ist ganz sicher größer als jeder einzelne Rat. “

„Nicht wahr?“, frage ich schnell. „Sieh dir nur Bailie Thingymabob an, und du wirst schon herausfinden, ob er denkt, dass der Toon Council oder er der Größte von beiden ist.“

"Auch, Bawbie; du hast nichts dagegen", sagt Sandy. "Du hast immer einen schlechten Eindruck, wenn du dir die Dinge ansiehst. Was soll das Geschwätz über Bailie Thingymabob? Meine Güte! Wenn er nur ein echtes Mitglied des Toon Council ist, wird dir der gesunde Menschenverstand sicherlich zeigen, dass der Toon Council größer ist als er. Nur ein kleiner Penny im Tower-Penny könnte das im Handumdrehen erkennen."

"Sehr gut", sagte ich, " sehen Sie sich einfach Bailie Thingymabob selbst an. Ich wette, wenn Sie ihm sagen, dass er nur ein echtes Mitglied des Toon Council ist, wird er sich morgen früh mit einem anderen Tattie Man herumschlagen. Sandy, Verrückter, Ihre Exempel mögen mit Ihren Dreiecken und so weiter zu tun haben wie mit Fischen und Fischen, aber das ist alles Blödsinn, wie Sie sehen, nur eins von beiden."

Was für eine Gehaltserhöhung Sandy bis dahin bekommen hat! Er war so sauer, dass er zwei oder drei übellaunige Riffe von einem Stück Vieh und eine Flasche Tee nahm und sich selbst ganz schön stank. Es ging auf die falsche Straße und Sandy war fast erstickt.

„Ich habe Recht, mit einem dämlichen Wesen zu streiten, das nichts sehen kann, das so groß ist wie eine Pike“, sagt er, nachdem er sich die Nase geputzt hat. Dann putzt er ein bisschen die Kuh und sagt mit einem kleinen Kichern: „Ich hätte es wohl mit dem Arsch des Teichs versucht.“

„ Und wer könnte er sein?“, sage ich.

„Das ist der fünfte Vorschlag, Bawbie“, sagt Sandy. „Er heißt ‚der Arsch des Teichs‘ Anowerim. Das ist Lateinisch für die Brigg der Kajüte. Wenn du nicht weiterkommst, wirst du für einen Arsch bestraft.“

„Warst du nicht hier, Sandy?“, sag ich.

„Noch nicht", sagt er, ohne zu merken, dass er den Seitenhieb bemerkt hat, den ich auf ihn abgefeuert habe. „Aber ich glaube, ich fange an, es zu durchschauen. Wenn ich noch ein oder zwei Mal auf sie losgehe, werde ich auf ihrer rechten Seite sein, das werde ich wohl."

Ich konnte in Sandys Palaver einen Anflug von Verstand erkennen, also sagte ich: „Was soll das für ein fünfter Vorschlag, über den Sie reden?"

"Nun, es ist genau das", sagt Sandy und beginnt, mit seinem Finger viele Feen auf dem Boden zwischen den Reihen auf dem Tisch zu zeichnen. "Sehen Sie, da ist das, was man ein soshilistisches Dreieck nennt. Sehen Sie die beiden Ecken am unteren Ende des Hasen? Sie sind genau das Mark von einander; und wenn Sie die Linien an der Seite hier ein bisschen weiter unten ziehen und bis an den Rand des Dreiecks gehen, werden Sie feststellen, dass die Ecken am Rand auch genau das Mark von einander sind. Sehen Sie?"

„Ja, Sandy", sage ich, „du solltest lieber weggehen und Donal's Yokit holen. Ich weiß nicht, was dir diese soshilistischen Dreiecke und andere Gefühlsbilder wie Hühnertaes nützen, aber ich hoffe, sie werden dir nicht beibringen, wie man einen Schwanz in den Mund legt, sonst wird das dein Geschäft ruinieren. Ich habe nichts dagegen, dass du ein Hobby hast, aber du könntest dir sicher ein besseres Hobby zulegen, wenn du viel von dem Geschwätz von Bandy Wobsters gibst. Hol dir eine dieser Schnappfallen oder wie auch immer du sie nennst, um Fotos zu machen; geh zur Feuerwehr oder zum Rettungsboot, geh zu den Rifles oder so. So etwas hätte schon seinen Sinn. Aber unter Exyems zu fischen und wegzuhuschen, wie Sie sie nennen, und Dreiecke und ein paar Dinger wie Gürtel und Drachen für Jungs, die man nicht mehr lebend machen kann, weder Eechie noch Ochie von – Feech! Ich würde mich nicht mit ihnen beschäftigen; nur eine Menge Jungen-Paddie-Buff."

Sandy sprang von seinem Sitz und rannte, auf seinen Hut klopfend, durch den Laden und plapperte: „Ach, halt dein Geschwätz; deine laute Zunge macht mich ganz ohnmächtig. Ich könnte genauso gut mit dem wilden Tier in der Schweineherde streiten, bis ich schwarz im Gesicht wäre." Und er rannte zur Tür hinaus und versuchte, ihn mit einem Knall zu verfolgen, der die Bonbonflaschen klirren ließ.

VII.
SANDYS LATERNENZAUBER-AUSSTELLUNG.

Ich war letzte Woche Mittwochnacht gerade an der Hintertür draußen, als ich ein Knacken im Waschhaus hörte und hineinschaute, um zu sehen, was da war.

„Mann, das ist genau der richtige Klecks", sagt Sandy, als ich den Schnabel hochhebe.

Dauvid Kenawee und Bandy Wobster und er zogen mit einem Fitrool und einem Bawbee-Cane in der Gegend umher, und ich sah sofort, dass etwas im Wind lag. Ich räusperte mich gerade, um sie wissen zu lassen, dass in meinem Waschhaus nichts mehr von ihren Verschwörungen passieren würde, als Dauvid vor mir in sein Bett rutschte.

"Komm schon, Bawbie", sagt er in seiner sonst so ruhigen Art. "Wir haben gerade überlegt, ob wir hier am Sonntagabend eine kleine Laterna-Magica-Vorführung machen könnten. Ich habe eine Klasse an der Mission Sabbath Schule, wissen Sie, und ich wollte sie am Sonntag bei einer Tasse Tee einladen, und ich dachte, ich könnte ihnen ein bisschen die Laterna-Magica zeigen. Robbie Boath, der Tischler, hat eine Laterne, die er gerade gekauft hat, und Sandy hier glaubt, er kann das Geschäft richtig machen."

„Ich habe nichts gegen so etwas einzuwenden, was ein guter Mensch tun will", sagte ich. „Aber es ist nichts von Ihrem Geschäft mit elektrischen Oxey-Hydropathika, oder? Ich werde Sandy mit so etwas nicht überhäufen, denn ich sage Ihnen —"

„Du darfst nicht baden, Bawbie", rief Sandy herein. „Das ist eine Paraffinlampe; genauso einfach zu handhaben wie deine Waschmaschine dort."

„Na gut, Sandy", sagte ich, „mach weiter mit deiner Laterna magica, so wie du es normalerweise mit der Waschmaschine machst. Wenn ich deine Hilfe brauche, werde ich Dauvids Kinder wegbringen, ich werde sie nicht lange behalten."

„Tach, Bawbie, du machst immer Mist mit deiner Unverschämtheit", sagt Sandy ganz bösartig.

Aber Dauvid und Bandy haben ihn einfach ein bisschen ausgelacht.

Also , um es kurz zu machen: Es war Sonntag, und die Laterna magica war weg. Aber Sandy hatte einen schönen Nachmittag. Er steuerte das Boot, trug Seifenkisten als Sitzgelegenheiten für die Kinder herein, lernte die Bilder kennen und befahl Nathan; so etwas habt ihr noch nie gehört! Ich hörte ihn bis in den Hinterraum plappern: „Die große Schlacht von Waterloo zwischen Engländern und Franzosen fand in echt fünfzehn Minuten statt, und Bloocher landete auf dem Schauplatz, gerade als Wellinton den Befehl gab – ach, du dummer Blockheid, Nathan, das Fass mit der Seifenlauge war nicht da – ‚Auf die Wache und auf sie!‘" So redete er den ganzen Abend weiter, und selbst mitten beim Tee, als ich ahnte, ob es genug war, sah er mich ein bisschen verstört an und sagte: „Auch wenn du am Tag deiner Geburt auf dem Weg zu diesem Stern warst, mit beiden Beinen auf einer Kanonenkugel, wärst du erst mit über neunzig Jahren dort gewesen."

„Was soll das für ein Sternenhimmel?", frage ich. „Ich weiß nicht, ob Ihr Tee gut genug ist."

"O, ja, ja, ich glaube, es ist alles richtig", sagt Sandy. "Ich habe an Sirias gedacht, den nächsten Fixstern, wissen Sie. Ich weiß, womit er fixiert ist ? "

Es war sieben Uhr, und Dauvids Kinder gingen durch den Eingang, als würden sie zu Sandys Fixstern aufbrechen. Sie wären durch die Tür des Waschhauses gegangen, wenn sie nicht zufällig offen gewesen wäre. Ich hatte sie damals vergessen, aber, glauben Sie mir, als sie nach ihrem Tee aus Dauvids Haus kamen, lief ich zur Tür. Ich dachte, es sei jemand, der weggelaufen sei.

Sandy hatte diesmal seinen Sirtoo und seine Lum Gin an und machte einen furchtbaren Lärm, schnäuzte sich in sein Sabbat-Taschentuch und sah aus wie ein großes Bullenfleisch. Er ging ins Waschhaus, um die Jungs zu scheuchen, denn sie machten einen furchtbaren Lärm.

„Also Jungs und Idioten – und Mädchen, meine ich", sagt Sandy, „es darf absolut kein Lärm sein , sonst funktioniert die Laterna magica nicht."

"Hurra! Die Zeit ist um!", brüllten alle Jungs zusammen, und sie pfiffen und traten mit den Füßen, bis man meinen könnte, sie hätten meine guten Seifenkisten zum Klopfen gebracht.

Dauvid schien die ganze Sache als selbstverständlich hinzunehmen, und als ich fragte, ob das wirklich ihr Ding sei, sagte er: „Ja, das sind nur die Spinnen im Unterleib, wissen Sie, sehen Sie?"

Ich glaube, ich würde mir ein paar dieser Exobarden aus ihnen nehmen, wenn ich eine Viertelstunde davon hätte. Ein Sabbat-Kurs! Es war eher wie ein Fitnessclub für Halbtagssportler . Aber natürlich kommt es nicht jeden Tag vor, dass sie eine Laterna magica sehen.

Mistress Kenawee, Mistress Mollison und ihr Diener, der Gärtner und der Schmied, und ich kann Ihnen nicht viel mehr sagen, hatten davon Wind bekommen, und das Waschhaus war völlig leer. Es gab einen furchtbaren Aufruhr unter den Jungs, als die Kerze ausgeblasen wurde, und Sandy klopfte auf die Pfeife und zündete seine Laterne an, und nach einer ganzen Menge Fischen brachte er sie in Ordnung.

Sandy gab einen Haufen Heerscharen und sagte dann: „Also Jungs und Mädels und Leute, das erste Bild, das ich euch zeigen werde, ist Danyil in der Löwengrube. Da ist er, richtig!" und er wurde auf dem Bild erschossen.

Es war ein furchtbar seltsames Bild. Ich konnte weder Kopf noch Ohr davon machen. Es war irgendwie grünlich-gelblich, als hätte jemand einen Krug Grünkohl oder so etwas auf das Blatt gestreut, auf dem das Bild war.

„Ich vermute, mit den Fokis stimmt etwas nicht", sagt Bandy Wobster.

„Kümmere dich einfach um deine eigenen Leute, Bandy", sagt Sandy mit scharfer Stimme, „und um die Leute anderer Leute."

„Ist Ihnen das Bild recht ? ", fragte Dauvid Kenawee.

Mit dem Bild stimmt überhaupt nichts ", sagt Sandy. „Siehst du, wie sich da ein bisschen Bronze an der Stelle verfärbt hat ? Das ist einer von Danyils Füßen."

„Schau dir die Nummer der Folie an, Sandy", sagte Bandy, „und stelle sicher, dass du richtig liegst. Sie sind vielleicht nicht in Ordnung."

„Sie sind außer Rand und Band", sagte Sandy, wütend wie eine Wespe. „Halten Sie diesen Hut, Bawbie!", sagte er, und er ging mit dem Bild hinaus und brüllte: „Nummer 2217! Schlagen Sie 2217 in dem Buch dort nach, Nathan, und sehen Sie, was da steht."

Nachdem er eine oder zwei Minuten in seinem Buch herumgeblättert hatte, blickte Nathan mit der Nase zum Stummschalten der Laterne und las heraus: „Ein Stück Leber eines Trunkenbolds. "

„Was sagst du?", sagt Sandy. „Mal sehen."

„Ein Stück Leber eines Trunkenbolds", sagt Nathan noch einmal.

Sandy griff nach dem Buch und sagte nach einer Weile: „Ja, Mann, da hast du recht. Da ist etwas zwischen den Bildern durcheinandergekommen. Das hier ist ein Stück oder Abschnitt der Leber eines Betrunkenen", fuhr er fort, „der die Wirkung des Alkohols zeigt."

Die Jungs quälten die Leber des Betrunkenen wie verrückt und das gab Sandy Zeit, Luft zu holen und die Schweißperlen auf seinem Gesicht zu lindern.

"Das ist die Art von Leber, die man bekommt, wenn man ein Säufer ist", sagte Sandy. "Die Wirkung des Alkohols entwässert den Bauch, bis die Leber völlig durchnässt ist und das Kind völlig am Ende ist." Daraufhin klatschen die Jungs und Mädchen in die Hände.

„Pass auf, dass du nie die Leber eines Trunkenbolds bekommst", sagte Sandy mit ernster Stimme; und einer von Davids Jungs sagte: „Meine Güte, ich möchte nicht, dass jemand so eine Leber sät", und legte den Rest ins Wasser.

„Achtung!", rief Dauvid in seine Klasse, und Bandy Wobster – der gerade damit beschäftigt war, die Leber des Betrunkenen anzustarren und etwas zu fangen, das seinem ähnlich war, ohne es zu merken – stürmte herein, ohne etwas zu bemerken, mit „Schulterarme!", und die Jungs brüllten und brüllten, bis man wirklich dachte, sie würden sich gegenseitig streiten. Als sie aufhörten, war Sandy mit Danyil zusammen, und da war er, starrte ihn an, in Lebensgröße, und zwanzig Löwen wirbelten um ihn herum.

Sandy erzählte die Geschichte von Danyil und wie er unter die Löwen geworfen wurde, obwohl er kein Wildfang war. Und das war's auch schon. Sandy wurde ganz aufgeregt. Die Jungs hörten aufmerksam zu und man konnte ein Geschrei hören, als Sandy sprach.

„Heutzutage gibt es keine Löwengruben mehr, wissen Sie", sagt Sandy, um sich aufzuregen . „Was haben sie denn jetzt mit Kriminellen oder berüchtigten Typen zu tun?"

"Mach sie an die Toon Cooncillers", sagte einer der größten von Davids Jungs; und Bandy Wobster stieß einen lauten Lachball aus und brüllte mit der Tonhöhe seiner Stimme: "Verdammt! Meine Güte! Ich habe ein bisschen Tabak geschluckt!"

Dann gab es Bilder von Joseph und Moses und eine ganze Menge anderer Bibelfiguren, und die Spinnen brüllten die Namen meist schon heraus, bevor die Bilder halb zu sehen waren. Es waren große Spinnen, kein Zweifel, aber ich kann Ihnen sagen, dass sie die Bibel immer zur Hand hatten. David war wie ein Stolz auf die Jungen, die so klug antworteten; aber Sandy gefiel das kaum.

Sie hatten so viele Bibelgeschichten, wie man sich nur vorstellen konnte, und wann immer ein Bild erschien, brüllten sie die Geschichte vor sich hin, bevor Sandy seine Gedanken in Ordnung brachte. Bibelkenntnisse sind eine großartige Sache, das ist nichts Neues; aber die Jungs nahmen Sandys Aufgabe einfach über den Kopf; und das gefiel ihm kaum, wie Sie sich leicht vorstellen können.

Aber die lokalen Charaktere gaben Sandy eine bessere Chance, und ich versichere Ihnen, er nutzte sie voll aus. Er hat ein langes Etikett über einige der Bilder angebracht – glauben Sie mir, wenn er so weitergemacht hätte wie auf dem Bild, wäre er nicht mehr da gewesen, als am nächsten Tag die Glocken der Kirche läuteten.

"Ich habe keine großartigen Bilder der alten Arbroathianer, die ich euch zeigen kann", sagte Sandy zu den Kindern, "die ganz normalen Reed Lichties. Und ich weiß, die Jungs hier werden sich ein Beispiel an ihnen nehmen und ihre Bilder in Laterna magica stecken, wenn sie auch gestorben sind, und große Mooseums bekommen - das sind die großen Sämannsgräber von Gravestones, genau wie Mühlenstängel, wisst ihr -, die auf dem Warddykes Cemetery aufgestellt werden, mit ihren Namen, die in goldenen Buchstaben darauf gemeißelt sind."

Die Verrückten alberten herum und klatschten in die Hände, als wünschten sie, sie wären tot und in einem großen Grab begraben.

Nach viel Palaver drehte Sandy seinen ersten Film vor Ort.

„Das ist Provost – wie hieß er noch mal? Er war ein toller Junge bei – Mann, wie hieß er noch mal, Bandy?", sagt er.

„Ich weiß es nicht, Sandy", sagte Bandy, „aber mir fällt auf, dass du ihn verkehrt herum in die Laterne gesteckt hast . Er steht auf dem Kopf."

"Er war ein ziemlich schräger Charakter, jedenfalls", sagte Smith. "Er war fast genauso fleißig wie der Zehnte."

Sandy ließ seinen Provost Recht bekommen; aber einige seiner übrigen Honoratioren waren genauso schelmisch. Sie kamen verkehrt herum und lagen auf dem Boden – so etwas hat man noch nie gesehen –, bis Sandy bei der Vereidigung dabei war. „Verdammt, diese Provosts und Bailies", sagt er, „so einen Haufen habe ich noch nie gesehen."

„Au, au, Sandy", sagte ich, „du brauchst dich über die Leichen nicht zu ärgern, sie sind alle tot."

„Na gut, wir wollen ein paar der Lebenden vermöbeln ", sagt Sandy. „Gib mir ein paar der Dias in der grünen Kiste", ruft er Nathan zu. „Wohin habt ihr die Provosts und die Bailies gebracht?"

„Ich habe sie alle in meiner Hosentasche", sagt Nathan. „Sie sind alle richtig."

„Und was ist die Leber des Säufers?"

„Oh, ich habe es auf den Kessel gelegt, zusammen mit Danyil und etwas mehr."

„Dann mischen Sie sie nicht", sagte Sandy und schob eine weitere Folie hinein. „Das ist, wie Sie leicht erkennen werden, Bailie Thingymabob."

Die Jungs spenden dem Bailie herzhaften Applaus, und Bandy Wobster sagt: „Mann, er ist aber furchtbar undeutlich, Sandy. Man kann ihn kaum rauskriegen."

"Das ist nichts, worüber man sich aufregen sollte", sagt Sandy. "Ich bin noch nie jemandem begegnet, der ihn rausschmeißen könnte. Man kann von einer Laterna magica nicht erwarten, dass sie das tut, was man selbst nicht kann. Das wird eine schlimme Sache für den Bailie, das kann ich Ihnen sagen, wenn die Leute anfangen, ihn rauszuschmeißen. Das nächste Bild ist Ratsherr Spinaway."

„Ja, ich gehe in den Hof und sehe mir die Fische an", sagt Bandy, steht von seinem Sitz auf und lässt die Seetaucher los.

„Du brauchst jetzt nicht wegzugehen", sagt Dauvid. „Warte, bis du den Rest der Bilder siehst."

„Verstehen Sie sich nicht falsch", sagt Bandy in aller Deutlichkeit, „wenn der Kerl erst einmal auf den Beinen ist, sitzt er nicht eine halbe Stunde da . Ich habe ihn noch nie aufstehen sehen, ohne dass er mehr als nur den Schmutz, die Hauptabflüsse, die Gasleitungen und so weiter weggelassen hat, bevor er zu Bewusstsein kam. Warten Sie ab, was Sie sehen."

„Halt die Klappe", sagte Sandy. „Gott segne dich, er ist in der Laterna magica. Da kann er nicht sprechen."

„Ich wette, Sie haben Recht", sagt Bandy und greift sich in den Kopf. „Nun, der Provost sollte einfach eine Laterna magica griffbereit halten und ihn darin bleiben lassen. Das würde ihn bei den Versammlungen ruhig halten."

„Wir wollen dir jetzt ein Bild vom ganzen Toon-Rat zeigen", sagte Sandy und schaute das Bild an. „Da hat sich wieder mehr was getan", sagte Sandy und sah ganz verängstigt aus. „Das ist bestimmt nicht der Toon-Rat. Was ist denn das wirklich, Nathan?"

„Die Heuschreckenplage in Ägypten", sagt Nathan.

„Wie ist das da reingekommen, Ava ?", fragt Sandy.

„Oh, sie würden einfach nicht zwischen die anderen Pflöcke passen " , brüllte Bandy Wobster.

„Hier ist eine sehr interessante Folie", sagt Sandy, als er das nächste Bild einlegt. „Dies ist ein Bild der Delegation, die einige Mitglieder des Toon Council bei der letzten Wahl aufsuchte und sie bat, dabei zu bleiben, obwohl sie es furchtbar eilig hatten, dabei zu sein."

„Das ist wie ein Bild von einem Spundloch mit einem Fass drumherum", sagte einer von Dauvids Jungs.

„Da ist niemand, Sandy", sagte Bandy Wobster.

"Ja, aber das ist die Delegation", sagte Sandy. "Sie sind vielleicht unauffindbar, aber das sind sie nun einmal. Der Name steht auf dem Bild. Sie können selbst nachsehen, wenn Sie mir nicht glauben."

"Ja, Pepper's Ghost!", brüllt der Schmied. "Er bedient eine Menge Leute vor Wahlen. Er ist einfach ein perfekter Dreckskerl, der Leute gegen ihren Willen nominiert und sie in die Öffentlichkeit zerrt, wenn sie viel lieber irgendeinen Krawall machen würden."

Manchmal ist er ein furchtbarer Kerl, dieser Smith. Wenn er vernünftig ist, ist er irgendwie lächerlich vernünftig; und wenn er nicht vernünftig ist, ist er genauso vernünftig wie sonst was.

„Abordnungen sind immer anonym", sagt Sandy. „Sie tauchen immer mit einem netten Angebot auf. Es ist nur die Bescheidenheit der Männer, die sie aus dem Blickfeld hält. Sie halten sich die ganze Nacht über die Beine in den Mund, und kaum ein Wesen weiß, ob sie es wissen. Mann, ich mag Bescheidenheit. Ich habe großen Respekt vor einer Abordnung, die aus dem Blickfeld bleibt."

„Hier sind ein paar bessere Bilder", brüllten ein paar der Jungs, und Sandys großes Geschrei endete plötzlich.

„Das nächste Bild ist sehr interessant", sagte Sandy, nachdem er Luft geholt hatte. "Das ist einer der berühmten Meal Mobs. Sie sehen die Männerschar, sie brüllen alle zusammen. Keiner von euch Idioten kümmert sich um die Meal Mobs", sagte Sandy, "aber ich kümmere mich gut um sie. Es war damals eine graue Stadt. Sie werden den alten Toon-Clark in der Mitte bemerken, mit erhobenen Händen, der droht, nach dem Haufen zu schicken, und die ganze Menge kläfft ihn an wie viele Hunde. Ich kann euch Idioten sagen, ihr könnt eurem Stern danken, dass ihr noch nicht geboren wart, als solche Dinge in der Stadt gemacht wurden. Ihr wisst nichts davon. So etwas hat es in der Stadt von Arbroath seit ... nicht mehr gegeben."

"Warte mal, Sandy", brüllte Nathan. "Das ist wieder das falsche Bild, das du da hast. Hier ist der Meal Mob. Sieh mal, was da auf dem Bild ist."

„Eine Versammlung des Presbyterianers!", las Sandy, und man hätte meinen können, der Schmied und der Bandy Wobster würden mit ihrem Lärm, Brüllen und Losgehen zum Haus rüberkommen .

„Ich dachte, das wären graue, schwarz aussehende Herren für einen Essensmob", sagt der Schmied; und Bandy nickte mit dem Kopf und sagte: „Mann, Sandy ist ein absolutes Genie, was die Sache angeht, ich habe noch nie etwas wie ihn gehört."

Ich habe keine Zeit, Ihnen vom Rest der Ausstellung zu erzählen. Es war in vielerlei Hinsicht ein Vergnügen. Sandy hat viele Berühmtheiten gesehen, wie

Mester Gladstone, Blind Hewie, Steeple Jeck, den Prince of Wales, Burke, Hair, den Jook of Argile und Dykin Elshinder. Aber der Schnulzensänger von ihnen kam, als Sandy sagte: „Nee, hier ist Snakimupo, der berühmte König der Kannibaleninseln, und seine Lieblingssquaw, die Missionare und Bibeln frisst und Scheiße macht, wann immer sie sie in die Finger kriegen können" – und in der Szene – was meinen Sie? Nur Sandy und meine Leute, in Lebensgröße – ja, und größer!

„Oh, meine Güte, Zwerge!", sagt eines von Davids Mädchen mit erhobenen Händen, ihrem Muhen und weit geöffneten Augen.

So ein Riffing wie hier haben Sie noch nie gehört: die Jungs brüllten „The King o' the Cannibal Islands" und Sandy drehte sich wie ein perfekter Terrier.

„Das ist ein Werk von Robbie Boath", sagt er leise zu sich selbst, mit einem schrecklichen Grinsen im Gesicht. „Er hat mir dieses Bild speziell gegeben, mir den Namen davon gesagt und gesagt, ich solle mich darüber ärgern. Aber da er mir am Morgen keinen Stein mit kranken Pitatis weggenommen hat, wird er sich für immer ärgern , mein Name ist nicht mehr Si Bowden." Dann fügte er mittendrin hinzu: „Nein, ihr Idioten und Mädels, das ist alles. Es ist an der Zeit, dass ihr jetzt nach Hause watschelt; und ich sehe, ihr habt es genossen."

Dauvid schlug vor, Sandy zu danken; und man hätte meinen können, die Dampfmaschinen zwischen hier und Glesca seien mit voll aufgedrehten Pfeifen in unser Waschhaus gekommen. Der Lärm war furchtbar. Ich musste meine Finger in die Ohren schieben und läuten.

VIII.
SANDY UND DIE RHABARBER-TARTE.

Gab es je eine Frau, die sich so sehr über einen Ramstam ärgerte, als einen Mann? Sandy Bowden wird mich noch vor meiner Zeit ins Grab bringen, da ich eine lebende Frau bin. Ich habe heute Nacht keine Ruhe, und Sandy ist in seinem Bett , seine Hände sind in Fetzen einer alten gelben Baumwollschürze von Mistress Mikavers Mutter zusammengebunden. Ach, bitte, und ich war so glücklich, so oft!

Wir gingen los, um eine Tasse Tee mit Mistress Mikaver zu trinken – das ist die Witwe des Bäckers, wissen Sie. Ihr ältester Sohn war bei den Schilfindianern oder einem dieser anderen langhaarigen, nackten Kerle, die sich nie waschen; und sie sagen, er hat eine Menge Mist gebaut. Er ist ein bisschen stämmig – ein kleiner Gürtel und O-Beine, und er braucht einen Schwanz. Aber ich wette, die jungen Leute, die bei der Hochzeit waren, sahen nicht viel Unrecht an ihm. Die Mädchen machten ihm einen ebenso harten Konkurrenzkampf, als ob er in einem alten Wirtshaus gewesen wäre, wo er um Salbung gebeten wurde.

Sandy und ich landeten als erste auf dem Feld. Alles war richtig gut, das versichere ich Ihnen. Mistress Mikaver hatte die Treppe neu geweißt und jede Stufe war glatt und geschliffen, so etwas hat man noch nie gesehen. Und da stand sie selbst in ihrem besten schwarzen Anzug, an dem nichts zu sehen war, und mit ihrer Spitzenmütze und einer Perlenschürze. Sie war ein Dandy, kein Zweifel.

Bevor Sandy die Treppe hinaufstieg, versuchte er, sich mit dem Bleichmittel den Arsch von seinem Sabbat zu lecken, und ich hatte ein bisschen Angst, dass Mistress Mikaver ihn mit dem Geist des Bäckers verwechseln könnte. Aber wir haben ihn grauhaarig gemacht, und dann sind wir an den Kamin des Hauses gegangen und haben uns mit dem jungen Aleck gestritten. So heißt der Sohn. Sandy und er fingen an, sich mit Musaings, Indeens, Boomirangs, Scoots und anderen Scoondrills zu beschäftigen, bis ich mit ihrem fremden Geschwätz nicht mehr fertig wurde; also bin ich ins Haus gegangen, um mich mit Alecks Mutter zu streiten.

Als ich die Tür öffnete, standen da so viele Mädchen, wie man in einer neuen Mühle hätte anfangen können. Sie hatten sich selbst das Haus geschmückt, bevor sie zu Aleck kamen, verstehst du? Er machte sich ganz offen und spießte nach ihren Müttern und so weiter; und dann setzten wir uns um den Tisch im Haus und spielten ein schönes Spiel beim Totum für Cracknets.

Sandy war schon immer ein richtiger Schabernack, wie jeder andere auch, bevor er überhaupt damit anfing. Er ist immer noch derselbe, wenn er mit jungen Mädchen zusammen ist , so alt wie er ist.

"Es ist nur einer von ihnen", brüllte er mitten im Spiel, und er packte ein Stück der Netze und fing damit an zu murren . Er blickte bis zum Kopf hoch, und da ich ihm keinen Knebel in den Rücken gegeben hatte, der die Netze von seinem Maul über dem Tisch wegriss , war er in ein oder zwei Minuten ein Chokit-Korp gewesen, genau wie es am heutigen Sonntag sicher ist.

Aber ich habe nicht daran gedacht, was vor mir lag! Wenn ich es gewusst hätte, hätte ich ihn erstickt, so wie er ist.

Wir gingen alle gegen halb acht in den Hof, um uns einen neuen Hühnerstall anzusehen, in dem Aleck am Nachmittag gewartet hatte. Er muss ein praktischer Graf sein, wohlgemerkt.

„Passt auf eure Kleider auf, denn der Teer ist noch süß“, sagt Aleck zu den Mädchen.

„Ja, Mann, so ist es“, sagt Sandy, nimmt ein Stück davon mit seinen Fingern und streicht dabei über den Schwanz seines Vaters, der drolligen Figur, die ich als solche bezeichnen würde!

„Mann, Aleck“, sagt Sandy, als wir alle auf der Grünfläche waren und uns umsahen, „es sieht genau so aus, als ob du auf genau diesem Baum dort oben gesessen und Gairner Winton mit Oslins erzählt hättest, dass du ihm seinen eigenen Garten gestohlen hättest. Ich glaube, ich war hier, als er kam, um deinem Vater von deinen Sachen zu erzählen. Du warst ein wilder Junge, das kann ich dir sagen . Dein Vater hat dir einen furchtbaren Schmerz bereitet, aber das hat dich keinen Deut gekümmert. Er hat dich nicht gut gebräunt, als du ‚Hairy Grozers‘ – das war ein Spitzname der Gairners – durch Wintons Ladentür gebrüllt hast. Du warst ein verrückter Kerl.“

Aleck lachte ziemlich heftig über Sandys Geschwätz, und die beiden waren schon ziemlich dick und dreifädig, bevor sie zusammen halb so dick waren. Aber ich hätte gedacht, sie hätten einander gekannt, seit sie fertig waren.

Als wir zurückkamen, hatte Alecks Mutter ein feines Abendessen auf dem Tisch bereit. Sie hatte hier und da eine Kerze und ein paar Stückchen Chuckinwirth, die um die Räuber herum verstreut waren. Es war furchtbar nett. Es würde einen fast denken lassen, man sei einer der mutigen Typen. Ich saß gerade da und bewunderte es, als Aleck sagte: „Ja, seid ihr dann bereit?“

Wir mussten einen Moment warten, bis Mistress Mikaver aus dem Haus rannte und Mey Mershell ein Messer holte.

„Herr Bowden wird jetzt das Tischgebet sprechen", sagte Aleck, und Sandy sprang wie ein Gewehrschuss auf und versuchte, sich zu räuspern. Ich fürchtete, er würde irgendwo ein Grollen machen, und so hielt ich meine Augen offen. Sandy schloss seine, und alle anderen taten es ihm gleich. Er lehnte sich nach vorne und breitete die vielen Hände auf dem Torf eines großen Rotbarbenstammes aus. „O Herr", war die ganze Länge, die er erreicht hatte, als er hineinging, nahe an den Elbas auf dem Rotbarbenstamm , und bei all dem Gebrüll und Gebrüll, das ich je gehört habe, gab es so etwas noch nie! Es war ein großartiges Tischgebet, das kann ich Ihnen sagen! Es wird weder Morgen noch am nächsten Tag sein, ich werde es vergessen. Er brüllte und schrie, als wüsste ich was, und ein schwarzgepanzerter Schilfhahn zwitscherte, bis ich dachte, er würde die Erde selbst aufreißen.

„Oh, halt die Klappe, Sandy Bowden!", rief ich und mein Herz war so heiß, dass ich von seinem Geschrei mitgerissen wurde.

"Meine Zunge halten?", sagt er. "Wie kann ich meine Zunge halten, während meine Hände über kochendem Gelee schmoren ?"

Gerade in diesem Moment schnappte sich Aleck Sandys Mantel und er packte ihn am Haus und sperrte ihn ein, damit er seine Hände in die Bodentasche seiner Mutter stecken konnte. Der Schmerz ließ sofort nach, und nach einer Weile hatten wir die Hände zusammengerafft. Ich konnte nicht gehen, um den anderen Leuten Gutes zu sagen, mein Herz war so krank, und Sandy schüttelte seinen Kopf wie ein kranker Hund. Armer Mann, er hat vielleicht mehr zu tragen als ich; aber ich hätte einen Fünfpfundschein bekommen, wenn ich mein eigenes Haus heute Nacht nicht verlassen hätte. Ich gehe jetzt ins Bett, denn mein Herz ist perfekt in meinem Bett.

IX.
DER GROSSE STURM IM NOVEMBER 1893.

Ach, sagen Sie mir, was für eine Nacht hatten wir am Dienstagmorgen! Oh, halt die Klappe! Auch wenn ich lange genug leben würde, um Sandy Bowden zu begraben und eine goldene Hochzeit mit meinem zweiten Mann zu feiern, werde ich es nie vergessen. Es macht mich ganz zitternd, wenn ich jetzt noch daran denke. Sandy war wieder da, mit einem Haarschnitt auf der Rückseite seines Kopfes und einem oder fünf Streifen klebrigen Kleisters, der über seine Kopfhaut geschlagen wurde. Er hatte einen schrecklichen Unfall, der arme Mann. Ich dachte, sein Kopf wäre zum Zertrümmern, aber glücklicherweise war er viel härter als die Keksdose, mit der er in Berührung kam .

Es war ungefähr ein Uhr oder so, als Sandy mir mit seiner Elba einen Schwanz gab, der mich zum Springen brachte. Ich hatte am Freitag einen furchtbar anstrengenden Tag und schlief sofort.

„Oman", sagt er, „irgendwo auf dem Hof ist etwas Furchtbares los . Ist das die Dyed Wallop und ihr Mann, die da rumrennen, oder was in aller Welt kann das sein? Hör zu, Bawbie! Hast du jemals solches Gejaule gehört?"

„Du meine Güte, Sandy Mann", sagte ich, „das ist der Wind, der durch die Bäume im Garten des Bankiers pfeift und zwischen den Rohren der Wasserfässer zischt . Es ist ganz sicher ein fürchterlicher Wind."

Gerade in diesem Moment hätte man meinen können, der Teufel selbst hätte den Rahmen unserer Winde in den Griff bekommen. Er ließ sie klappern wie das Gewitter in Hewy Whites Theater; dann grollte und knurrte er wie fünfhundert Katzen und ein paar Hunde, die sie umgarnten, und all die Leute, die sie gleichzeitig schnappten. Dies endete mit einem fürchterlichen Gähnen; und Sandy tauchte über den Klippen ab.

„Ihr habt vor nichts Angst", sagte ich, „warum lauft ihr da runter? Ihr werdet meine Füße vor Kälte zu Tode strecken . Legt euch auf euer Kissen und legt die Kissen auf die Bettkante."

Eine ganze Weile lang ging das so weiter, und manchmal dachte ich, das Bett würde wackeln. Unser Vögelchen (er hängt an der Wand) fing an, vor Angst zu quieken, und ich wollte, dass Sandy aufstand und das arme Tier zur Ruhe brachte.

„Die haben Angst vor mir", sagt er, der herzlose Schurke, der er ist. „Wenn Sie den Kanarienvogel im Bett neben sich haben wollen, können Sie aufstehen und ihn selbst mitnehmen."

Ich stand auf, nahm den armen Kerl und hängte ihn auf der anderen Seite des Zimmers auf. Und, wohlgemerkt, man hätte nie gedacht, dass das kleine Biest krank wäre, denn es machte ein oder zwei Geräusche und schlief gerade wieder ein. Gerade als ich aufstand, um das Gas aufzudrehen , machte es zwei oder drei Geräusche und dann ging es wieder. Und bevor ich wusste, wo ich war, gab es ein Rumpeln und Rumpeln auf der Rampe, das fast die ganze Menge in der Kirche treffen würde. Ich ging in mein Bett und legte mich in die Klamotten und lag eine Weile oder so da, in der Erwartung, dass die Kleinen auf den Wasserhahn fallen und beides zusammenschlagen würden. Nach dem Rummel war ich kurz davor, Sandy anzugreifen, aber er war nicht da .

„Das ist alles", sagte ich und hörte mich an. „Wo bist du, Sandy? Bist du da? Was ist mit dir los? Bist du tot?"

„Ich bin hier, Bawbie", sagt eine zitternde Stimme im Bett. „Ich bin hier, Bawbie. Du wirst Gabriels Lehrer gleich heute hören. Oh, Bawbie, ich war ein ziemlicher Nesthocker und bin mein ganzes Leben lang schlecht weggekommen. Ich wünschte, ich könnte die Bibel auf der Kommode stapeln, Bawbie. Hast du gehört, wie die Berge und Felsen zu bröckeln begannen?"

„Komm von da weg, Sandy", sage ich, „und hol dir nicht den kalten Tod, sondern geh zu Tode mit dir und deinem Leben. Die Berge und Felsen sind die Ziegel und Lehmkisten von Mistress Mollisons Haus, denke ich." Und ich kann nicht umhin hinzuzufügen: „ Es ist zu spät, darüber nachzudenken, mit der Bibel anzufangen, nachdem Gabriel angefangen hat, seinen Lehrer zu belehren, Sandy. Komm in dein Bett!"

Sandy quetschte sich zwischen Bett und Wagen, und als er den ganzen Schnaps hörte und im Wind surrte , stöhnte und jammerte er, als wäre ihm ganz schlecht, und immer sagte er: „Ich war ein fauler Mensch, der sich die ganze Zeit auf den Beinen hielt, und bin ganz benommen. Ach du meine Güte, Bawbie, was sollen wir machen?"

Nach einer Weile kam ich wieder zu mir, hob den Motor an und probierte das Gas, und es ging richtig los. Der Wind riss und riss zu dieser Zeit ganz schön heftig an der Tür. „Wir gehen die Treppe runter , Sandy", sagte ich und ging zur Tür.

„Um Himmels Willen, Bawbie", brüllte Sandy aus dem Bett, „warte, bis ich in meine Hose steige. Wenn du mich verlässt, werde ich einen Anfall bekommen – wie am Strand."

Wir gingen die Treppe hinunter, ich machte das Feuer an und brachte den Kessel zum Kochen, und wir saßen da und hörten dem Wind zu, der aus dem Holz kreischte, in den Bäumen über der Straße stöhnte und jammerte und rund um den Waschhaus ächzte. Ich habe kaum etwas davon gehört. Die Nacht des Anblicks der Tay Brig war nur das Pfeifen einer Kerze daneben. Mitten in einem schrecklichen Geräusch gab es ein furchtbares Geschrei an unserer Tür, und Sandy sprang plötzlich von seinem Stuhl .

„Bist du drin, Sandy?", rief Dauvid Kenawee mit nervöser Stimme.

Ich ging hinaus und öffnete die Tür, und da waren Dauvid und Mistress Kenawee – Dauvid mit seinen Pints, die ihm auf die Füße schlugen, und seinem Weyscot-Lowse, und Mistress Kenawee mit ihrem kurzen Hintern und einem Shalie darauf.

„Das ist ganz sicher das Ende der Welt", sagte Mistress Kenawee fast begrüßend. „Oh je, ich glaube, mir wird etwas zustoßen."

„Das ist doch schön , setz dich hin", sagt Dauvid, obwohl er wegen ihr ziemlich sauer war. Ich konnte das gut sehen.

Der Anblick des armen, wackeligen Kumpels vertrieb mir irgendwie die Angst; ich trank eine Tasse Tee und trank sie, bis wir ihr den Kopf geputzt hatten. Ihr Hinterfenster war hereingeweht worden, und Dauvid hatte versucht, sich mit einer Matratze vor dem Wind zu schützen ; aber der Wind hatte Dauvid und die Matratze über den Boden gewirbelt, und die Frau war in einen schrecklichen Zustand geraten. Sie konnten nicht länger im Haus bleiben, und am schlimmsten war, dass sie durch eine Menge Schiefer, Ziegel, Holzkübel und Glas gekrochen waren, um zu sehen, ob wir sie hineinlassen würden.

Ich legte Sandy auf ein Stück Schinken, hob den Tisch hoch und versuchte, sie davon abzuhalten, daran zu denken, aber plötzlich sauste und grollte der Wind, und Sandy und Mistress Kenawee fuhren auf und holten tief Luft.

Ich bin sicher, wir hatten nicht viel Tee getrunken, und Sandy wollte gerade den Schinken nehmen, als ihm die Bratpfanne aus der Hand fiel und der Boden mit einem Haufen Ziegelsteine und einer Schuttschicht bedeckt wurde, die eine Kiste ausfüllten . Sandy fiel zurück und warf Mistress Kenawee direkt in den Kamin. Der Schinkendip lief in einem Klecks den Boden hinauf , und da lagen Sandy und Davids Frau mitten auf einem Haufen Müll. Mistress Kenawees Gesicht, das arme Ding, war weiß wie ein Kloß; aber Sandys war so schwarz wie das des Mannes More o' Vennis, des Schwarzen, der seine Frau im Theater auspeitschte, weil sie mit einem Kerl was getrieben hatte .

Was für eine Arbeit Dauvid und ich hatten, sie umzudrehen. Wir schütteten ihnen einen Tropfen Brandy in die Kehlen, und Sandy öffnete seine Augen und sagte: „Ja, ich war ein schrecklicher Schurke, das habe ich!" Er war mit dem Hinterkopf auf eine Keksdose voller Keksmehl gefallen , hatte die Dose zertrümmert und das Mehl durch das Haus geflogen. Aber der Kerl hatte einen schrecklichen Schlag auf den Hinterkopf bekommen und war ganz blutig. Bei Tageslicht hatten Dauvid und ich die beiden einigermaßen in Ordnung gebracht, und Sandy konnte den Laden öffnen. Er musste schrecklich rütteln und zerren, bevor er die Tür öffnen konnte; und er kam zu mir und sagte: „ Verdammt , Bawbie, ich glaube, das Haus ist furchtbar kaputtgegangen. Die Ladentür kann ich weder zurück noch zurück!"

Ich ging hinaus, um zu sehen, was los war. Ach, Herrgott, wenn Sie nur unsere Straße gesehen hätten! Der Strand neben der Saut Pan, wo es einen kostenlosen Mülleimer gibt, war bis dahin nichts! Es erinnerte mich nur an das Bild in der großen Bibel von Jerusalem, als die Leute bis dahin aus Babylon zurückkamen – es lag nur ein Steinhaufen aus niedrigen Steinen und halben Ziegeln.

Es gibt keine Möglichkeit, den Freitag so schnell zu vergessen, sonst mache ich viel falsch.

X.
SANDY UND SEINE FAIRNTICKLES.

seit jeher kennt – und das war weder heute noch gestern –, nämlich Gekicher und Gepiepse. Ich habe nie erlebt, dass Sandy ohne ein Paar Gummibärchen da war, die wie zwei quakende Hühner kreischend zur Kirche gingen. Ich habe gesehen, wie sich die Leute manchmal auf ihren Sitzen umdrehten, wenn Sandy knarrend den Gang hochkam, als ob sie dachten, es sei eine Blaskapelle, die hereinkommt. Aber Sandy scheint zu glauben, dass Gepiepse etwas Ehrwürdiges und Sabbatartiges haben, und er hält sich daran, ob er nun schreit oder nicht. Ich kann euch sagen, es ist ein Segen, dass es nicht viele gibt, die so sind wie er, sonst hätten wir am Sabbat graue Straßen. Der Lärm, den die meisten von zwanzig Kindern wie Sandy mit ihren nackten Sohlen machen könnten, würde einen gesunden Neeperhude vertreiben.

Wie dem auch sei, es war nicht Sandys Sache, von der ich Ihnen erzählen sollte; es war meine. Aber bevor ich etwas darüber sage, muss ich Ihnen etwas über die Kitzel erzählen. Wie ich schon sagte, Sandys Kitzel war schrecklich am Hals und an den Seiten der Nase, und vielleicht hat ihn der Urlaub schlimmer gemacht als sonst. Er ist auch ein schwuler Kerl, wohlgemerkt, obwohl er nichts damit anfangen kann. Aber ich kann Ihnen sagen, dass es kein Haaröl ist, das Sandy in der Woche quält. Aber das ist nebensächlich.

Nun, Sandy hatte mit Saunders Robb über seine Fairness gesprochen. Saunders ist meiner Meinung nach einfach ein alter, hässlicher Esel. Er ist ein dürrer, hungrig aussehender Kerl, und ich bin sicher, sein Geist passt zu seinem Körper. Er weiß nichts davon – und tatsächlich weiß er nichts. Er ist immer dabei, die Arbeit anderer Leute zu verbessern. Saunders glaubt nicht, dass er sich verbessern könnte, außer vielleicht sich selbst. Ich kann nicht mit diesem plappernden, dämlichen, schüchternen kleinen Kerl überschüttet werden. Er macht immer Vorschläge und Hinweise zu diesem und jenem. Er selbst ist nichts weiter als eine Anregung, und ich bin sicher, ich könnte ihn mit gutem Willen hinauswerfen .

Nun, er hatte Sandy ein Mittel gegen seine Gelbsucht gegeben, und Sandy hatte, ohne dass ich es wusste, etwas von dem Apotheker bekommen und es mit einer guten Drei-Babbee-Wirkung-Creme vermischt, die ich in der oberen Schublade hatte. Er hatte es sich auf Gesicht und Hals gerieben, bevor er ins Bett ging, aber er war nicht mehr im Bett, als er aufstehen musste. Und so sah er aus! Sein Gesicht und sein Hals waren so gelb wie die meisten Gelbfärbungen und gelblich; und obwohl ich bis dahin Waschsoda, Waschpulver und sogar eine Scheuerbürste benutzt habe, ist Sandy wieder da, aber genau so, als wäre er nicht mehr von der gelblichen Fünffärbung und der Gelbsucht weg.

„Sie sollten sich lieber Saunders ansehen , der wird es in den Griff bekommen", sagte ich ihm am anderen Morgen.

„Wenn ich Saunders in der Hand hätte, würde ich mehr nehmen als das Geld von ihm", sagt er; und, wohlgemerkt, man kann nicht sagen, dass er es nicht tun könnte; wenn er groß ist, ist er ein mutiger, schlauer Kerl.

Aber was das betrifft, tut es mir nicht leid, denn es wird die Kreaturen von dem Ort fernhalten. Denn Sandy hat das Sofa in die Waschküche gestellt, er und zwei oder drei andere haben nie darauf gelegen. Sie liegen da, rauchen und spucken und reden über das Leben als Trauzeuge und so weiter! Ich sage Ihnen, wenn es viel länger gedauert hätte , würde ich ihnen eines Tages einen Eimer Wasser über die Ohren schütten; das ist genau das, was ich mir wünsche.

Aber ich muss Ihnen von meinem Missgeschick mit meinen neuen Beinen erzählen. Ich bin sicher, Sandy hat sich darüber sehr gefreut. Er glaubt, er hätte mir jetzt ein Haar im Nacken, das ihn noch eine Weile beschäftigen wird. Das hätte er nicht nötig gehabt, das kann ich Ihnen sagen. Wenn bei dem, was er gemacht hat, auch nur ein Haar in seinem Nacken gewesen wäre, würde ich sagen, dann wäre da nicht viel Platz für ein Scherzchen gewesen.

Also, ich bin am Sabbat zur Kirche gegangen – Sandy konnte natürlich mit seinem gelben Gesicht und Hals nicht raus. Er hatte einen Kleieumschlag drauf, um zu sehen, ob es etwas nützt. Ich kann mit keinen Schuhen mehr anfangen, bis ich sie eine Weile getragen habe. Ich streichle sie, wenn ich ein oder zwei Besorgungen mache, bis sie sich an meine Passform gewöhnt haben und ich sie zur Kirche bringen kann. Aber ich kann nicht mit keinen Schuhen sitzen bleiben, so unbequem sind sie. Ich habe am Freitag ein neues Paar bekommen und sie am Sabbatmorgen anprobiert. Aber nein , nein! Obwohl meine alten Schuhe grau waren und an den Absätzen abgenutzt waren , zog ich sie in aller Eile an und machte mich dann auf den Weg zur Kirche. Sandy musste nach dem Abendessen aufpassen.

Ich fühlte mich irgendwie komisch, als ich losfuhr; aber ich dachte, es läge nur an der Eile und ein Hauch frischer Luft würde mich wieder aufrichten. Aber, wohlgemerkt, statt besser wurde es mir schlecht. Meine Beine waren kurz davor, sich vor mir zu verkrümmen, und meine Knie krümmten sich, als hätten sie sich über etwas geärgert. Ich merkte, wie ein schwerer Bremser über mir wegraste, und ich musste am Abhang anhalten und mich am Geländer festhalten, oder, so ist es eben, ich wäre auf dem Rücken auf der Straße gelandet. Ich dachte, ich würde einen Morbus Crohn oder eine dieser schrecklichen Krankheiten bekommen. Ich hatte Angst, dass ich auf offener Straße landen würde; das war ich! Mysie Meldrum bemerkte mich und kam angerannt, um zu sehen , was los war.

„Ich habe eine furchtbare Nacht verbracht, Mysie“, sagte ich. „Ich glaube, ich bin ganz da. Du könntest einfach auf dem Geländer daneben sitzen, bis die Leute vorbei sind. “

„Ich glaube, wir sind fast am Ende, Bawbie“, sagt sie. „Wir sind ziemlich spät dran, aber ich bleibe bei dir, Mädchen.“

Wir saßen etwa zehn Minuten da, und ich wurde ein bisschen nervös und dachte, ich sollte versuchen, nach Hause zu kommen. Mistress Kenawee hatte sich die Haare angezogen und kam ein bisschen raus, um sich zu ärgern, und bemerkte die beiden. Also kam sie herauf, und ich bekam ihre und Mysies Haare, und obwohl es ein harter Job war, schafften wir es, nach Hause zu kommen. Und ich war froh, als ich Sandys gelbe Nase wiedersah, das kann ich Ihnen sagen, denn ich war mir sicher, dass ich in meinem eigenen Bett nach Hause kommen würde .

„Der Herr beschütze uns alle!“, sagt Mysie, als sie Sandy sieht. „Was ist im Namen des Friedens über dich gekommen? Ich muss los! Ich habe Leebs Kinder zu Hause, weißt du, und das ist die Grube oder die Rußpest oder so was, das über euch beide gekommen ist, und ich habe Angst, die Kinder zu schlagen, sonst hätte ich es getan. So wahr ich lebe, ich muss los!“ Und sie verschwand aus der Tür mit einem Gesicht wie ein weißer Kauk.

„Ich glaube, ich hole den Arzt, Bawbie“, sagte Mistress Konawee. Natürlich wusste sie vorher von Sandys Kitzeln, und Sandys gelber Fizog hat sie nicht gestreichelt.

„Warten Sie einen Augenblick“, sagte ich, „bis ich sehe, ob ich wieder zu mir komme.“

Ich saß im Sessel und Sandy war ganz aufgeregt wegen mir. Er konnte kein Wort sagen, sagte aber immer wieder: „Oh, hör nicht auf, Bawbie, hör nicht auf; dein Ding ist fertig!“ Er sah mich an und brüllte dann , bis er wie ein halb durchbohrtes Messer aussah, und brüllte: „Was ist mit deinen Füßen los, Bawbie? Sieh sie dir an! Deine Füße sind nach außen gedreht wie die Hände des Schlägers, zwanzig Minuten nach Mitternacht. Du wirst sicher keinen Schlag mit dem Schläger machen.“

Ich sah nach unten und ganz sicher waren meine Beine nach außen gedreht und nach unten gekrümmt, als wären sie hinter meinen Fersen zurückgeblieben. Mistress Kenawee kniete neben mir nieder.

"Pass auf, Bawbie", sagt sie, "du hast deine Hintern an den falschen Füßen! Nicht mehr als deine Knie haben sich zusammengekauert, mit den alten, abgenutzten Absätzen nach innen gedreht und deinen Hintern nach außen."

Aber ich sage lieber nichts weiter darüber. Ich war so wütend, und Mistress Kenawee, die Bissam, wollte sich fast selbst auf den Weg machen, aber ich

versichere Ihnen, ich habe in meinem Leben noch nie so einen Schwanz
bekommen – und noch dazu so einen einfachen Schwanz, wohlgemerkt.

XI.
SANDY STEHT BEI EINEM CRICKET-SPIEL AUF DER „EMPIRE"-SEITE.

Ich saß am Freitagabend da und las ein paar Teile des *Herald,* die ich am Freitag nicht gelesen hatte, als die Ladentür plötzlich aufging und ein paar Blumen oder fünf Stückchen Eis hintereinander her liefen. Als sie mich sahen, standen sie stocksteif da, verbargen ihre Nasen in ihren Jeansärmeln und starrten finster wie viele flauschige Schafe.

„Weiter, Jock", sagt einer von ihnen und gibt dem anderen einen Ruck. „Du bist der Kapitän, sprich."

Jock ging zu einem Wirt und legte seine Hand – es war eine ganz schöne – auf die Theke. Als er einen Anfall bekam, sagte er: „Ist es das?"

„Wer könnte er sein?", sage ich.

„Sandy", sagte der Kapitän.

„Was, Sandy?", sage ich.

„Nein", sagte einer der Birken davor. „Ihr Sandy – Sandy Bowden."

"Ja, er ist da", sagte ich, "aber Sie sollten aufpassen und ihre richtigen Namen suchen, wenn Sie sie suchen. Sie könnten auch Mester Bowden oder Alexander Bowden sagen. Das könnte Ihnen Ihr Lehrer sagen."

Ich ging in den Hof , um Sandy zu holen, und gerade als ich wieder zur Hintertür hinausging, hörte ich einen der Sack sagen: „Was redet sie da? Sie nennt ihn Sandy selbst; ich habe sie oft gehört." Hast du jemals gehört, was furchtbare junge Leute heutzutage bekommen? Es ist wirklich schrecklich. Als ich jung war, hätte ich, wenn ich so etwas gesehen hätte, einen Schlag auf die Seite des Kopfes bekommen, der die Wade wieder zusammengeschlagen hätte .

„Oo, ja", sagt Sandy, als ich es ihm sage. „Das werden die Jungs vom Callyfloor CC sein. Sie sagten, sie würden wahrscheinlich nachts nachsehen."

Er kam herauf und nahm die Jungs mit in den Hinterladen, und ich hörte sie sagen, sie wollten, dass er bei ihrem Spiel gegen die zweite Elf im Collie Park dabei ist. Da kam ein merkwürdiger Kerl in den Laden, und ich hörte nichts weiter; aber nach einer Weile kam Sandy mit den Jungs zur Tür, und als sie wieder weg waren, winkte er ihnen zu: „Also gut, pünktlich drei, ich werde mein Bestes geben."

„Was soll das jetzt?", frage ich. „Nicht mehr als deine fitten Pliskies, das weiß ich."

"Oh nein", sagt Sandy. "Das ist eine Abordnung vom Callyfloor CC. Ich habe ihnen jede Woche oder zweimal eine Orangenkiste gegeben, um ihre Schläger und Wickets aufzubewahren, und sie haben mir ihr Muster gemacht."

"Ein ganz komisches Muster", sagte ich und lachte. "Meine Güte, Sandy, wenn sie sich nach deinem Muster formen, werden ihre Mütter und Frauen – wenn sie jemals so lange durchhalten – wohl nicht mehr schlafen können, wie sie."

„Auch, Bawbie, du benimmst dich wie eine alte Apfelfrau", sagt Sandy. „Das ist nicht das Muster, das ich meine." Und dann ging er zum *Herald* und tauchte etwas weiter auf, als ich es noch nie bemerkt hatte. Er sagte, „Alexander Bowden, Esq., sei zum Schirmherrn des Cauliflower CC gewählt worden und habe großzügig zu den Mitteln des Clubs beigetragen."

"Oo, ja, ich verstehe", sagte ich. "Und was haben Sie großzügigerweise für die Vereinskasse gespendet?"

"Oh, das ist nur die orangefarbene Schachtel", sagt Sandy. "Aber sie wollen mich morgen früh zum Dienst. Sie werden die zweite Elf des Collie Park CC spielen, ein Schlag- und Wicketspiel auf dem Wast Common. Das wird ein seltenes Ereignis. Du könntest Mistress Kenawee bitten, ein oder zwei Mal nach dem Laden zu schauen, und dann kommst du wieder, Bawbie."

Also, um es kurz zu machen , Sandy und ich sind am Sonntagnachmittag zum Wast Common aufgebrochen und sind dann zu einer Ecke des Common gegangen, wo sich ungefähr hundert Seetaucher versammelt hatten. Der Seetaucher, den sie den Kapitän nannten, kam heraus. Er war nackt und hatte seine Jacke und seinen Weste festgebunden, und seine Gallonen waren vorne heruntergelassen und um seine Weste gebunden.

"Wir haben den Münzwurf gewonnen, Sandy", sagt er, "und die Leute vom Collie Park werden sich zuerst um die Willa kümmern . Wir haben sie losgeschickt, um zu sehen, was sie machen."

Sandy nahm mich ein Stück den Hügel hinauf mit, und ich wurde mit Nathan neben mir auf das Gitter gesetzt . Ich nahm ihn mit, um ihm das Spiel zu erklären, verstehen Sie, und über die Schläger und Wickets und so weiter, weil ich mit den Fängen und Einzelheiten der Sache nicht so vertraut bin. Viele der Idioten versammelten sich um das Gitter und legten sich auf das Gitter, und sie hielten ihre Zungen während des Spiels, das kann ich Ihnen sagen. Man hätte gedacht, dass sie mehr über Cricket wüssten als die Idioten, die spielten.

Nun, das Streichholz fing an. Sie setzten Sandy an das Ende, das dem Deich am nächsten war, und, oh Mann, er sah ganz gut aus, wohlgemerkt. Der Kapitän arbeitete an den Zündmaschinen, und er hatte ein Stück des weißen

Segeltuchmantels des zweiten Vorarbeiters genommen und ging zu Sandy. Es war, um seine Hütte vor dem Luftschiff des Schöpfers zu schützen, sagte Sandy, aber es schien für seine Hütte keinen Unterschied zu machen. Es war genau an der richtigen Stelle, soweit ich sehen konnte.

Ganz kurz danach begann das Spiel, wie ich schon sagte, und eine Zeit lang ging alles gut. Die Jungs von Collie Park schlugen sich eine Zeit lang gut, aber einige von ihnen konnten den Ball nicht so gut schlagen wie die anderen und begannen, frech zu brüllen.

„Nö, Batchy", sagten einige von ihnen, als ein grauhaariger Idiot den Schläger fing, „schlug los. Mal sehen, ob du die Farbe von Snapper Morrisons Ballspiel kennst."

Aber Sal, wohlgemerkt, und Batchy hatte keine Lust, das zu tun. Er schloss die Augen, schlug nach der Kehle und schon segelte sie über den Deich.

„Schon gut", brüllten die Seetaucher um mich herum. „Das ist ein Sechser. Spiel weiter, Batchy!"

Batchy spuckte in seine Hände und bereitete sich auf den nächsten Schlag vor. Er versuchte es, verfehlte aber und verlor seine Wickets. So einen Aufruhr hat man nicht gehört.

„Eine verdammte Schleiche!", brüllten alle Jungs neben mir. „Geh nicht weg, Batchy. Es ruderte die ganze Straße entlang."

Es war ein schreckliches Treiben, und ungefähr fünfzig Jungs um Sandy herum pöbelten ihn gleichzeitig an. Nach einer langen Pause bekam der Ballbesitzer drei Schläge an Batchys Wickets, weil er versuchte, etwas zu erwischen, was sie einen Sneak nannten. Aber er verpasste jede Sekunde, und Batchy schlug die Bälle über dem Common und lief von einem Ende zum anderen der Wickets, als wäre er nicht klug gewesen. Für Sandy war es allerdings eine sehr langsame Arbeit, und ich glaube, er war müde geworden, denn die Jungs um mich herum begannen zu sagen: „Da waren dreizehn Bälle, die vorbeigingen; ich glaube, Sandy Bowden träumt", und so weiter. Ich glaube, Sandy war auf dem Weg zum Wicket von Batchy, und jeder der spielenden Seetaucher schrie gleichzeitig: „Wie ist das?" Sandy sprang beinahe aus seinem weißen Mantel und rannte los. Er war hundert Yards weit auf dem Gemeindeland, als ihn einer der Jungs am Schwanz packte und aufspießte, wohin er floh.

"Ich bekam Hunger", sagt Sandy. "Ich ging zur Mautstelle, um mir einen Keks zu holen." Das war ein guter Tag; denn er sagte mir später, als er das Brüllen hörte, dass es einer von Sandy Mertins Jungs war, die wild geworden waren; und er rannte los, weil er dachte, es sei hinter ihm her.

„Dieses verdammte Imperium ist der reinste Frost", hörte ich einige der Verrückten sagen. „Er kann nicht weinen, und jetzt wird er das Spiel abbrechen, weil er Hunger hat. Wer hat je von einem Imperium gehört, das Hunger bekommt?"

Sandy kam zu seinem Platz zurück und das Spiel ging weiter. „Wir kommen gleich", sagte der andere Ball von Sandy, und der Junge, der spielte, sagte: „Na gut, ich werde sehen und mich ausruhen." Er streckte seinen Arm ganz schwungvoll aus und anstatt den Ball zum Wicket zu schicken, flog er herum und ließ Sandy einen Knick an der Seite des Feldes machen.

„Es ist weit", sagte das andere Reich, „aber es ist kein Tor." Sandy sprang mit dem Kopf im Hintern herum, und die Jungs brüllten und sprangen, als wollten sie sich umbringen.

Ich wollte gerade runtergehen und ihn nach Hause bringen , aber ich dachte, das würde ziemlich seltsam aussehen, also ließ ich ihn eine Weile draußen. Der Kapitän begann zu schöpfen, und er war ein ziemlich wild aussehender Schöpfer. Der rechte Mann des Collie Parks – ein kleiner, schäbiger Kerl mit Nickerchen und Strohhut – war drinnen, und der Kapitän verpasste ihm mit dem Schöpf einen furchtbaren Schlag unter das Knie.

„Wie ist das?", jaulte er Sandy an.

„Mann, ich glaube, das ist echt schlimm", sagt Sandy und reibt sich die geschwollene Seite seines Kopfes.

Und die Seetaucher machen sich zum Stapellauf bereit, und der Kapitän brüllt erneut: „Ja, aber wie ist es?"

„Das könnt ihr leicht erkennen", sagt Sandy. „Der Ba' hat ihm einen Schlag auf den Kopf versetzt."

Es gab mehr Starts und ich sah, dass Sandy aufgezogen wurde.

„Ist das nicht L-B-W, du alter Schmorbraten?", sagte der freche kleine Kapitänsbart und streckte sich vor Sandy aus.

„Ich werde dich verdoppeln", sagt Sandy, „wenn du mir nur etwas von deinem Gerede gibst, du halbgekleideter Horn-Goloch, der du bist"; und er nahm den Sack mit seiner offenen Hand an der Seite des Kopfes und warf ihn wie einen Lumpen über die Pfosten. In einer halben Minute waren alle hundert Jungs um Sandy herum und er legte sich mit einem ihrer eigenen Pfosten auf sie .

Ich werde sagen, dass der Gallyfloor CC etwas aus seinem Muster hat, damit er es am nächsten Tag nicht vergisst. Einige Männer auf dem Common kamen runter und verscheuchten die Seetaucher, die Sandy mit Klamotten bewarfen, und wir kamen ohne größeres Unglück nach Hause; aber vorher hörte ich Sandy weglaufen und etwas anderes sagen als: „Böse kleine Teufel, und ich kriege sie und eine orangefarbene Kiste auch!"

Nathan kam herein, kurz bevor ich den Laden schloss, und erzählte Sandy, dass es auf dem Gemeindeplatz einen furchtbaren Krawall gegeben hatte. „Einige der Jungs auf dem Callyfloor", sagte Nathan, „haben dem Kapitän vorgeworfen, dass er so frech war, und sagten, der Schlag, den er bekam, habe ihm richtig weh getan. Also zog er seine Jacke und seine Hosen an, packte den besten Schläger und den Ball und brüllte aus vollem Hals: ‚Der Club ist aufgelöst.‘ So einen Krawall wie jetzt hat man noch nie erlebt. Willy Mollison ist im Club und hat drei Schläge und ein Wicket geholt. Das ist besser als gar nichts. Ich habe zwei Schläge geschlagen, bis er aus Tarn Dargies Hündchen kam, als er mit dem Kapitän fing. Snapper Morrison hat nichts geholt, aber er war über dem Common Dyke und auf der Straße, und als ich nach Hause kam, sah ich ihn im Loan mit der orangefarbenen Schachtel auf dem Kopf herumlaufen. Er hatte es aus Tooties‘ Nook geholt, wo sie ihre Schläger und Wickets aufbewahren. Es ist gut, dass sie sich auf einmal getrennt haben. Ich bin im Collie Park und sie sind der einzige Club, der seine Jungs schlagen kann."

"Oh, das ist richtig", sagt Sandy, und er ging, so erfreut, wie man es sich nur wünschen kann. Als ich nach Ladenschluss in den Hof schlenderte, um frische Luft zu schnappen, stolperte er über die Straßen und stand mitten auf dem Grün auf seinem Kopf, mit Nathan und zwei oder drei anderen Idioten im Arm! Haben Sie je von so einem Mann gehört?

XII.
Eine schreckliche Katastrophe auf dem Dachboden.

Ich bin sicher, ich muss mich nicht auf die Bawbees einlassen! Mein Mann würde rammen und hamschen und mehr wegschleudern, als ich retten könnte, obwohl ich Millionär wäre. Nicht viel weiter als diese Nacht hörte ich ein paar Geräusche oben auf der Treppe. Was ist er bis heute auf?, denke ich mir. Kennst du unsere Dachkammer? Es ist ein bisschen klein, und wir schlafen dort oben in den lauen Nächten, denn das Zimmer im Erdgeschoss wird heiß und feucht, ich kann manchmal nicht mehr schlafen. Also habe ich die Dachkammer ganz schön gemütlich gemacht. Es gibt ein schönes, fest eingebautes Bett, und ich habe die Zimmerstühle, die ich bekam, als meine Tante Leeb starb, mit einem oder zwei Regalen darüber, und einen altmodischen runden Tisch, den ich in einer Reihe trage – einen davon, den man zusammenfalten und wieder auf die Bank stellen kann, wenn man ihn nicht braucht. Tante Leeb hat mir auch ihre große Glastür hinterlassen. Sie hatte nämlich einen Laden im Erdgeschoss von Collie Park, und sie hatte eine große Glastür für ihre Kunden, damit sie sehen konnten, wie ihnen ihre Kleider passten. Also gut, ich habe die Glastür einfach wieder auf die Bank am Ende des Dachbodens gestellt, vor dem Kamin, und sie hat die Mitbewohnerin richtig glücklich und fröhlich aussehen lassen.

Als ich den Lärm hörte, den Sandy machte, ging ich auf meinen Zehenspitzen die Treppe hinauf. Es war kurz vor neun Uhr, und ich war gerade dabei, den Laden zu schließen. Die Tür war offen, und wenn ich hineinschaue, sehe ich Sandy mit einem Oddfellas-Kilt und einem Buschhemd, und seine Alltagskleidung lag in einem Schal auf dem Tisch. Ich sah den Kilt, wann immer ich ihn sah; es war der, den Dauvit Kenawee bei den Oddfellas-Prozessionen trägt. Sandy war fertig, und ich bin sicher, wenn Sie ihn gesehen hätten! Halten Sie Ihre Zunge! Sie haben noch nie ein solches Bild gesehen. Ich nehme an, er hat seine Beine ausgezogen, um keinen Lärm zu machen.

Na gut, da war er mit einem Stock, der wieder in den Boden des Scheinlosen gesteckt war, und er bohrte sich in den Kamin, mit dem Schaft des Heidekraut-Bissams in der Hand, schüttelte seine Laschen, drehte sich um und ruckte hierhin und dorthin wie ein Huhn auf einem Gürtel. Er sauste nach unten und schüttelte es von einer Seite auf die andere, und dann sprang er hoch und rannte mit dem Bissam-Schaft nach etwas. Dann steckte er das Ende des Stocks in den Kamin, bohrte und grunzte, als würde er einen Pflasterstein durchbohren .

„Das ist eine weitere Sache", sagt er, zieht seinen Stock hoch und reißt sich mit den Enden seines Kilts fest, während er mit seinem üblen Anfall nach etwas tritt – „Lasst uns siegen oder sterben", sagt er, „die Schotten, die es gibt; Wallace und Bruce für immer; tot mit jedem verdammten Engländer; zerreißt sie, pfui!" Dann wirbelt er herum und flüchtet in ein Café, das ich in einer Ecke sitzen hatte. „Komm schon, Mick Duff; ihr Teufel ! Ändert eure Sklaverei", sagt er ein bisschen laut, und dann reißt er wieder los und verfehlt und macht ein großes Loch in den Schlitz.

Er blieb stehen und horchte nicht, weil er befürchtete, ich hätte das Geräusch gehört, das er machte. Ich tue nie gern, aber halte es so ruhig wie möglich.

„Auch, sie ist im Laden", sagt er mittendrin; und dann rennt er hin und her, fechtet und scherzt, starrt sich selbst in dem Guckloch an und knirscht mit den Zähnen wie ein Weißer. Ich dachte schon, der Mann hätte eine Skizze gemacht. Er schwingt mit dem Bissamschaft und lässt das Licht des hin und her wackelnden Rohrs erzittern. Dann richtet er sich vor dem Guckloch auf und berührt die Rute mit der Spitze seines Stocks und sagt: „Viktory, Viktor! Bannockburn ist besiegt. Hurra! Hurra!"

Gerade in diesem Moment ertönte ein Knall, als ob fünfzig Blitze in Kowper Collies altem Eisenhof eingeschlagen hätten. So etwas hat man noch nie gehört. Es war wie der Knall von hundert Kanonen, und im Nu war es dunkel, und es gab einen Haufen zerbrochener Flaschen, der mich glauben ließ, es hätte ein Erdbeben im Hinterladen gegeben. Ich ging die Treppe hinunter, aber bevor ich halb unten war, fiel Sandy auf meinen Rücken – Kilt, Buschbie und alles zusammen. Dann ging ich wie ein Haufen alter Bohnen, und Sandy über meinen Hahn, mit den Fersen über dem Kopf. Als ich zu mir kam, lag Sandy mit dem Gesicht nach unten in einer Schachtel mit Heideeiern, die ich gerade geöffnet hatte. Der Riemen des Buschmanns war um seine Kehle geschlungen und war kurz davor, ihn zu erwürgen, als ich ihn mit dem Schinkenmesser durchschnitt. Dann drehte er sich halb um und sagte: „Oh, Junge! Ich bin tot. Da ist eine Bombe durch meinen Rücken geschossen."

„Steh auf", sagte ich, „da ist mehr, als du dachtest. Da sind zwei oder fünfzehn Dutzend gute Eier, die in Stücke gerissen sind. Was soll ich nur tun?" Er stand auf, und wenn du nur die Aussicht gesehen hättest! Es ist tatsächlich so, als wäre es genug, um die Franzosen zu vertreiben. Ich werde es nie vergessen, solange ich atme. Er sah aus wie eine schäbige Kesselflickerin, die auch schon einmal dort gewesen war und bis zu einem Fass gelben Ockers durch die Heide gewandert war, und an seiner Weste klebte eine meiner Windkarten – „Gerade heute eingetroffen."

„Oh, Bawbie!", jammerte er, „geh die Treppe rauf und schau, ob der Rüffel noch da ist. Ich glaube, jemand hat in unserem Dachboden Diana gehortet."

im Licht die Treppe hinaufging , sah ich nichts als den Kopf meiner Tante Leeb, der wie ein Splitter im Kamin aussah. Das Licht der Kerze war dagegengebrannt und nicht ganz in Stücke gerissen. Als ich mich umdrehte, sah ich Sandy, der seinen Kilt aufmachte und wegging, um an seiner Hose herumzufummeln.

„Alick Bowden", sagte ich – und mein Herz war groß – „Alick Bowden" – ich nenne ihn immer Alick, wenn ich wütend bin – „das muss das Ende sein. Mehr kann ich nicht ertragen.'"

„Um Himmels Willen, Bawbie", warf er ein, „sag heute Nacht nichts, sonst werde ich sterben oder ertrinken. Ich wünschte, ich wäre zwischen den Eiern geröstet worden"; und er ging die Treppe hinunter , die Hosen im Hintern.

Ich musste gerade ins Bett und etwas anderes machen, und dann bin ich tatsächlich eingeschlafen. Ich wusste nicht, dass Sandy kam, bis sein Bett frei war, und als ich am Morgen aufstand, war alles aufgeräumt, der Dachboden und die Werkstatt waren aufgeräumt und in Ordnung, und Sandy war im Hof damit beschäftigt, Stöcke zu hacken und „Hey, Jockie Mickdonal" zu pfeifen, als wäre noch nie etwas passiert. Er hat seit jeher wie ein Hutmacher gearbeitet und hat so viel wie neun Pence, also kann ich nicht einen einzigen Dollar sagen. Aber ist das nicht wirklich etwas Schreckliches?

XIII.
SANDY UND BAWBIES FRÜHLINGSFERIEN.

Frühlingsferien! Puh! Ich werde sie nicht so schnell vergessen, das kann ich Ihnen sagen. Aber ich habe es nie anders gesehen. Ferien sind einfach ein perfekter Schrecken, soweit ich sie kenne ; und was den Rest angeht – ich bin sicher, dass ich nach einem Urlaub immer müder bin als am Ende eines harten Arbeitstages. Ich habe den ganzen Tag damit verbracht, im Zug zu sitzen; und gestern Abend konnte ich mich kaum bewegen, so müde war ich.

Aber ich muss Ihnen die Geschichte von Anfang an erzählen. Sie haben mich vielleicht über Meg Mortimers Mutter sprechen hören, die früher im The Drum gewohnt hat. Meg hat gerade viel zu tun in Edinboro, aber ich glaube, ich habe die Zeit erlebt! Ich erinnere mich noch gut daran, als ihre Mutter von Powsoddie wegflog. Sie kam zu unserem Haus, um die Hilfe von zwei Kisten zu suchen, nur um sich auf den Straßen blicken zu lassen. Ja, das hat sie , jetzt-na-na! Was denken Sie darüber? Sie waren so arm, dass ich nichts wusste, und sie bekamen von unserem Mädchen kaum eine Mahlzeit, denn David Mortimer war ein netter Mann, obwohl er sich in den Armen hielt.

Nun, Meg ging zum Dienst und traf einen kleinen Mann mit drei Familienmitgliedern. Ich kann Ihnen versichern, dass in ihrem Haus jetzt nicht viel los ist. Sie hat viel zu tun. Ihr Mann ist ein ziemlicher Bauarbeiter , der Eisenbahnen und Hauptkanäle baut und so weiter. Er hat eine Menge Geld gemacht. Mester Blair ist sein Name. Sie wohnen in einem großen Haus in der Nähe der Meadows in Edinboro und haben einen großen Diener und zwei Hunde sowie ein kleines Mädchen, das auf die Kinder aufpasst.

Meg war gerade dabei, ihre Freunde zu treffen , und sie wollte, dass ich ihr verspreche, mit Sandy vorbeizukommen und sie zu sehen. Sie wollte nichts sagen. Sie war immer eine furchtbare Zungenbrecherin, Meg. Ich erinnere mich, als sie erst zehn Jahre alt war, konnte ich, das war vor sechzehn oder siebzehn Jahren, die Kanzel nicht bis zu ihr halten. Sie war eine plappernde kleine Tussi. Nun, ob groß oder klein, sie hat mich dazu gebracht zu sagen, dass ich mit Sandy kommen und sie in den Frühlingsferien sehen würde; und so mussten wir einfach gehen.

Sandy ging einfach weiter wie eine stechende Henne am Sabbat von Nachmittag bis Abend. Das Bett im Obergeschoss war voll mit Gepäck, das er mitnehmen wollte . Man hätte gedacht, er würde eine Kreuzfahrt um den Nordpol machen, anstatt eine Reise nach Edinboro zu unternehmen. Er rieb sich die Hintern, atmete darauf ein und rieb sie wieder, lehnte sich zurück und betrachtete sich selbst darin. Er ist ein ziemlich stämmiger Kerl, Sandy, wohlgemerkt, wenn niemand zusieht. Sein Goshore-Anzug hing über den

Stuhllehnen rund um das Haus. Es sah aus, als ob es einen Ausverkauf oder eine Tombola oder so etwas gäbe.

Er ging am Vorabend zum Abendessen mit Donal, und ich ging ein wenig neben ihm her, nur um ein bisschen frische Luft zu schnappen. Als ich an der Stalltür ankam, hörte ich Sandy mit jemandem sprechen. Ich warf einen kurzen Blick ins Fenster, und da war Sandy, der mit der zu einem Bündel zusammengebundenen Pferdedecke in der Hand und einem Stock in der anderen herumhantierte. Er blieb im Hinterstroh stehen und legte sein Bündel ganz schnippisch hin; dann sah er über das Gebäude nach Donal und sagte mit einer Art englischer Stimme: „Zwei Rückfahrkarten dritter Klasse und zurück nach Edinboro!" Ich sah, was er vorhatte! Er übte, die Fahrkarten am Bahnhof zu suchen. Oh, ja, Sandy ist wie ein anderer! Wenn er nicht zu Hause ist und seinen Unterrock anhat, ist er ein schwuler, lockerer Typ!

Sandy hatte seine eigene Streiterei im Zug, und ich dachte, der Mann und er, der mit seiner Frau und einem Paar Nickerchenhosen in Carnoustie ankam, wollten sich zusammentun. Und Sandy hat ihm einen Geier gegeben, bevor wir in Dundee ankamen.

Es waren viele Männer und Idioten um Carnoustie herum und spielten auf dem Golfplatz. Und Sandy sagt: „Seht euch diese hüpfenden Kerle mit ihren Rohrkolben an, die aussehen wie die Affen der Leierkastenmänner, die mit ihren Stöckchen herumrennen und auf indische Gummibärchen einschlagen. Arme Kerle!"

Mann, der Kerl mit den Nickerchen ist in einen fürchterlichen Straßenkampf verwickelt und hat Sandy für die ganze Sache verantwortlich gemacht – so etwas haben Sie noch nie gehört!

"Hör mal, mein kleiner Bursche", sagt Sandy und zwinkert wild mit seinem rechten Auge. "Du sprichst, wenn du gesprochen hast! Ich bade nicht mit Papierkram wie deine Art, aber wenn du mir nur ein bisschen von deinem kleinen Zeug gibst, Mann, dann nehme ich dich und fessele dich mit dem 4-Pence-Dollar - Papierhalsband, das du deinem Zauberer umgehängt hast."

„Würdest du?", sagte der Carnoustie-Birkie und sprang bis auf die Füße.

Der Zug fuhr zu dieser Stunde eine Runde, und er ging auf Sandys Seite und riss sich eine Blechdose über den Kopf. Er hat ein Nickerchen gemacht, das kann ich Ihnen sagen. Sandy behielt seine Laune ein wenig, und er setzte Nickerbucker Tammie ruhig auf den Sitz und sagte: „Ja, du Idiot, bleib einfach da sitzen, bis deine Mutter dir die Nase zuhält und dir die Hosen zubindet, und du bekommst ein Stück und Geld, wenn der Zug anhält."

So einen Start hat man noch nie gehört, und Sandys Freund sah aus, als hätte er einen Schluck getrunken und eine furchtbare Dosis Kälte bekommen. Er sagte nicht „Guten Morgen", als er von der Toy Brig Station wegging.

Sandy hatte zwei oder drei weitere Plisskies zwischen Dundee und Edinboro, aber ich habe keine Zeit, Ihnen davon zu erzählen. Peety ist der Mann, der anfängt, Sandys Biographie zu schreiben. Wenn er die reine Wahrheit sagt, wird er natürlich einen guten Job haben. Die Familienbibel wird wie ein Heiligtumsbuch neben dem Band sein. Sie müssen früh aufstehen, wenn sie Sandys Leben lesen , das sage ich Ihnen. Der Mann, der sie schreibt, wird nie wieder ins Bett kommen .

Also gut, wir landeten in Edinboro, und Meg wartete dort und so viele Kinder wie möglich hätten mit ihr eine richtige Schule beginnen können – obwohl sie ziemlich tapfer und nett waren, das versichere ich Ihnen.

„Erzähl mir Bescheid, Meg", sagte Sandy, nachdem er ihr die Hand geschüttelt hatte , „sind das alles deine Litlaner? Dod , so ein Cleckin!"

Was für ein Esel er ist! Ich sah, wie Meg ganz wütend mit ihren Krügen kaute, und ich nahm Sandy mit meinem Regenschirm in den Rücken. „Sag, Mistress Blair, du übel gesinnter Whaup-Atyar", sagte ich in seine Richtung; und er drehte sich zu mir um und sagte mit einem weiteren seiner vegabonartigen Zwinkern: „Ja, das ist Wattie Scotts Andenken, Bawbie. Ein großartiger Mann, Wattie! Er war es, der Bailie Nickil Jarvie und den Reed Gauntlet und so weiter beschimpfte. Er hat sich mit Luckie Walker in Auchmithie verabredet. Bandy Wobsters Großvater hat ihm einen Hund verkauft, als er dort war. Er war ein feiner Mann, Wattie."

Meg, die Kinder und ich stiegen in die Kutsche, und Sandy saß auf dem Beifahrersitz neben dem Kutscher. Wie ich schon hätte sagen können, bevor er aufstand, war er noch keine fünf Minuten da, als er schon beim Einholen des Mannes war, der sein Pferd lenkte . Ich war froh, als wir bei Megs Haus ankamen, denn ich hatte erwartet, dass der Kutscher – ein hässlicher, rosig aussehender Junge – Sandy mit den Fersen in die Kutsche zwischen die Kinder schleuderte – er spannte das Pferd des Mannes für eine alte, hungrige Mahlzeit an und lobte Donal, diesen Schrecklichen!

„Mann, Sie müssen ihm nur die Zügel auf den Rücken legen, und schon ist er weg wie der Wind", hörte ich ihn sagen. „Nichts in der Umgebung kann ihm etwas anhaben. Er kann mit einem Hundertstel die High Road hinauftraben. Er ist ein richtiger Spitzenreiter! Sie sollten Ihren hungrig aussehenden Reiter nach Glesterlaw schicken"; und so ging er weiter, und der Mann grinste und musterte ihn wie ein Tiger.

Als wir bei Meadows ankamen, lief Sandy um das Tier herum und kicherte, bis es aussah wie Wasser, das in eine Zisterne tropft; aber er hielt es außerhalb der Reichweite der Kutscher. Ich erwarte, dass er für seine Unverschämtheit die Zügel umgeht.

"Wenn Sie mit so einem nach Arbroath kämen, würde Sie die Tierquälerei schon packen, bevor Sie die Strecke geschafft hätten", sagt er zu dem Mann. "Sie sollten besser damit nach Hause gehen, solange es noch heiß ist. Wenn Sie dieses schärfere Maul behalten, wird es steif und Sie werden es nie wieder los, bis Sie einen Wagen dafür mitbringen."

Der Kutscher holte seine Kutsche von Meg und fuhr davon. Sandy blickte ihn finster an wie ein schießender Bulle, aber Sandy lachte nur ein wenig und rief: „Tschüss!"

Wir gingen ins Haus. Eh, so ein Ort zum Stechen! Halt die Klappe! Wirklich, da hast du was vermasselt. Sandy konnte seinen Hut kaum abnehmen, weil er ihn so böse anstarrte; und als er ihn abbekam, gab er ihn einem der Idioten; und bevor man Jeck Robison sehen konnte , waren sie draußen an der Hintertür und schossen Tore durch die Torpfosten auf dem Rasen. Meg war mit einer sehr schnellen Rute an den Hürden von ihnen , und dann hing Sandys Arm neben seinem Mantel in der Lobby.

Wir waren noch nicht lange weg, als Megs Mann hereinkam. Er ist ein flotter Kerl, das kann ich Ihnen sagen. Er schüttelte uns so herzlich die Hand, als ob wir gekommen wären, um ihm einen Job zu geben; und nach fünf Minuten hätte man gedacht, Sandy und er wären seit dem ersten Tag nicht mehr gesündigt worden. Ich werde es wagen, Meg steht auf sechs Beinen, und das ist kein Fehler!

Ich bin sicher, ich beschwere mich nicht, aber Sandy Bowden war in finanzieller Hinsicht ein unbefriedigender Mann; aber wie die Bibel sagt, wir haben eine Art von Schuld, und wenn ich Sandy nicht bekommen hätte, hätte ich vielleicht einen armen Sohn oder eine arme Tochter. Wer weiß? Wir haben mehr bekommen, als wir verdienen, keine Ahnung. Ich weiß, ich habe nur etwas; aber das ist weder hier noch dort.

Wir saßen da, genossen eine Pause und schauten auf den Wind hinaus, beobachteten die Kinder in ihren Kutschen und die Vögel, die fröhlich wie Grillen herumflogen und zwischen den jungen Mädchen nach Würmern jagten.

„Die Wiesen sehen im Moment sehr hübsch aus", sagte Mester Blair. „Selbst die Vögel genießen das frische grüne Gras."

„Das tun sie", warf Sandy ein. „Es ist ein Vergnügen, ihnen zuzusehen, die armen Dinger. Sie mögen ein bisschen alles Grüne. Ich gehe an einem Sabbatmorgen ein bisschen aus den Bunkern, um Dickie ein bisschen zu ärgern, und man könnte wirklich meinen, der Kerl wüsste es. Er macht es sich gemütlich, wenn ich reinkomme, als wollte er sagen: ‚Mach weiter, Sandy; ich weiß, was du in deinem Köter hast!'"

„Die Kleine hier glaubt mir nicht", fuhr Sandy fort und zwinkerte Mester Blair zu, „aber ich habe ihr zwei- oder dreimal erzählt, dass, wenn ich im Winter mit meinem alten Mantel in den Hof gehe – er wird jetzt ganz grün, aber früher war er ein ziemlich gutes Zeug –, die Vögel heruntergeflogen kommen und sich auf den Zaun neben mir setzen und eine Weile davonhuschen. Es ist merkwürdig, aber diese Wirkung scheint das Grün auf sie zu haben."

Mester Blair hat gelauert, bis ich dachte, er würde sich wehren. Er ist ein richtiger, herzhafter Laucher. Der Lauch ging über ihn hinweg , und man konnte kaum weiter spüren, wie es aus seinem Muhen oder seinen Ködern kam, so viel war davon übrig.

Dann kamen Sandy und er auf den Hack über den Kartoffelneien aufmerksam, und man hätte meinen können, Sandy würde ihn als Paar aufnehmen, so viel hatte er ihm zu erzählen.

„Und machen Sie viel mit den Amerikanern?", sagte Master Blair.

"Ich mache ihr ganzes Geschäft", sagte Sandy. "Nur drei von ihnen kaufen jetzt Kartoffeln in Arbroath. Die anderen sind ganz komisch, sie kaufen alles in Dosen, aus London, haben sie mir erzählt."

Mester Blair schien Sandy nicht zu verstehen, und er spöttelte: „Bekommst du wieder Bargeld, Billy Lowden, oder wie bekommst du eine Zahlung?"

„Wenn die Bullen nicht hinten im Wagen sind, geht der Wagen hoch und Donal geht weg", sagt Sandy. „Nein, nein, nichts von deinem Billy Lowden-Tick für mich. Ich glaube an das fertige Klirren."

„Oh, ich verstehe", sagte Mester Blair. „Sie bekommen Bargeld an Bord. Das ist der sichere Plan."

"Wie Sie sagen", sagte Sandy, "das ist genau Bandy Wobsters Sache. Ich glaube an die Kinder, bevor die Kartoffeln die Hintertür des Autos verlassen. Kurze Berichte machen lange Freunde."

„Machen Sie irgendetwas mit dem Kontinent, Ava?", fragte Megs Mann.

"Ich reise den ganzen Tag", sagte Sandy, "von Tootles Nook nach Culloden und von den Skemels nach Cairnie Toll. Es ist mir egal, was ich verkaufe. Sieben Pfund für den halben Steen und Bargeld – das sind meine Grundsätze; derselbe Preis und das Spiel läuft auf dem Rücken, zu sanft und einfach. Wenn die Champions gut sind, kann ich zwei Ladungen am Tag gut bewältigen, und wenn die Krankheit unter ihnen weiter um sich greift , geht es ihnen nicht so schlecht."

Megs Mann hatte eine Art Pfeife im Mund, und ich sah genau, was er getan hatte. Meg hatte ihm erzählt, Sandy sei ein Kartoffelhändler, und er hatte gedacht, Sandy hätte viel zu tun und verkaufte Kartoffeln schiffsweise und so weiter. Ich habe die ganze Sache im Handumdrehen durchschaut, aber nicht im Geringsten, und Sandy war um Haaresbreite besser dran, oder der Fehler von Megs Mann.

Wir bekamen ein großes Mittagessen – etwas Besonderes. „Das ist eine Art Büffel-Haferl, Mistress Blair", sagte Sandy, als wir uns auf den Weg machten ; aber ich gab ihm einen Tritt gegen den Tisch, der ihn quälte und ihm die Zunge zwischen die Zähne klemmte.

Ich muss Ihnen nicht sagen, was wir alles essen mussten; Sandy aß so herzhaft, dass er danach auf den Kochtisch ging und eine halbe Stunde lang kaum von der Stelle kommen konnte . Wirklich, jedes Ding war besser als das andere, und wir gönnten uns Eiscreme . Sandy nahm einen Schluck davon, bevor er es merkte, und ich glaube, er dachte, er wäre zu viel, denn er nippte an der Wasserflasche, nahm einen Schluck kaltes Wasser und schnappte dann nach Luft, als hätte er einen Anfall bekommen. Nach einer Weile ging es ihm wieder gut, aber das Tier hatte sich überfressen, und am Ende war er sehr unruhig .

Nachdem wir unseren Tee getrunken hatten, brachte Meg die Kinder ins Bett, und dann machten sie und ihr Mann und ich und Sandy uns auf den Weg zum Theater. Es war ein furchtbar großes Theater, mit so viel Goldschmuck, dass man aus den armen Leuten in Arbroath Millionäre machen konnte. Wir bekamen einen großen Sitzplatz und alles ging bis fast zum Fernseher.

Mester Blair hatte eine Art Opernglas dabei und gab es mir zum Durchsehen. Sandy streckte die Hand bis zu seinem Mantel aus und riss sein Fernglas heraus, ein großes, langes Ding wie eine Barbierstange, das er bei einer Tombola im Whin Inn gesehen hatte. Auf der Bühne stand ein Kerl. Er hatte sich mit seinem Sohn angesteckt, weil ihn kein Mädchen heiraten wollte, und er log gerade und erzählte der ganzen Leute von kriminellem Weeming und Frieden im Grab und so weiter, als Sandy sein Fernglas hochzog, um ihn finster anzustarren, bevor er seinen hämischen Keucher ausstieß.

Ich sah, wie der Kerl vor Angst zusammenzuckte, dann sprang er auf und brüllte: „Ruhe, Ruhe! Da sind ein Anarchist und ein Feenyin im Theater", und verschwand von der Bühne.

So etwas hast du noch nie gesehen. Du sprichst von Frieden im Grab. Im Theater herrschte nicht viel Frieden. Wir drehten uns durch, was los war, und Sandy war damit beschäftigt, mit seinem Spion herumzuspähen, als zwei Polizisten hochkamen, ihn packten und ihn anbrüllten, er solle los. Ich kann dir sagen, er hat mit dem Spion beinahe einen der Polizisten losgeworden. Wenn Mester Blair nicht am anderen Ende der Leitung gelandet wäre, hätte es keinen Helm gegeben und vielleicht hätte man in Edinboro einen neuen Polizisten gebraucht.

Der Streit war in fünf Minuten vorbei , als Mester Blair die Dinge erklärte; aber wenn er nicht gewusst hätte, wäre es bestimmt ein Riesenkram gewesen. Da kam einer der vielen Polizisten, die nichts zu sagen hatten, und starrte mich an und sagte: „Glauben Sie, das ist eine Frau?" Ich suchte bei einem Mann nach meinem Regenschirm; aber mein Junge wich schnell aus , sonst hätte ich ihm die Nase voll davon gegeben. Es war eine Art, so gut wie nichts zu tun; aber nachdem wir nach Hause gekommen waren und zu Abend gegessen hatten, vergaßen wir es und verbrachten ein oder zwei sehr glückliche Stunden, bevor wir ins Bett gingen.

XIV.
LIEBE UND KRIEG.

Wollen Sie nicht wissen, wie manche Leute immer älter werden? Sie sehen zum Beispiel, dass die Ratsherren von Toon immer weniger gebraucht werden, je länger sie ihren Job behalten; und die Pfarrer – halten Sie die Zunge! Wenn sie nicht gut sind, werden sie immer langweiliger, je länger sie predigen; selbst ihre alten Predigten scheinen immer langweiliger zu werden, wenn sie den Lauf umdrehen und an ihrem Leib zittern. Mit Sandy ist es genauso – je älter er wird, desto langweiliger wird er, bis ich weiß, was mit ihm passieren wird. Er ist eine Zeit lang sehr vernünftig; aber wenn ihm das teuflische Blut in den Kopf wächst und er mitten in einem Boot steckt, ist er genauso dumm wie der übelste Schafhirte, der je gefressen hat.

Als ich am Sonntagnachmittag die Band hörte, warf ich den Schlüssel in die Ladentür und rannte auf die Straße, um die vorbeigehenden Soldaten zu sehen. Wer stellt sich vor, der vor der Band kämpft, aber mein Billie , Sandy. Da war er mit hundert Jungs um ihn herum, rauchte seine Pfeife, als würde er seinen Durst stillen, einer seiner Arme hing bis zum Elba in seiner Hosenhose, stapfte zur Musik wie ein verführerischer Hahn, und sein anderer Arm schwang hin und her wie das Pendel der Uhr des Autos. Wenn man ihn ansah, hätte man gedacht, er würde der Band und den Soldaten hinter ihm folgen, so hart sah er aus. Er hat mich nie gesehen – nicht er! Seine Augen starrten ihn direkt an; er wusste nicht, dass sein eigener Tellerwäscher da war, glaube ich, so sehr war er mit seiner Ware beschäftigt.

Er blieb zu Hause, um zwischen 18 und 19 Uhr zu trinken, bei kaltem Wetter, aber so glücklich wie eine Grille. „Mann, Bawbie", sagte er, als ich ihm einen Hering auf den Grill legte, „nichts berührt mich mehr, als wenn jemand Musik macht. Es schmerzt einfach, und ich kann nicht still sitzen. Als sie heute Nachmittag den Handel betrieben, musste ich aufstehen und loslegen, sonst hätte ich einen Jungen verprügelt, der daneben saß. So berührt es mich. Ich hätte eine Pfundnote bekommen, nur um für eine halbe Million einen gebührenden Anteil an ihnen zu bekommen."

„Du bist einfach ein richtig aufgeweckter Junge, Sandy", sage ich. „Es ist echt ärgerlich, dass du nicht mit ihnen auf dem Dach warst, um zu sehen, ob einer der Soldaten dich sein Gewehr wegbringen lassen würde. Ich würde wirklich gern sehen, wie sich ein alter, schäbiger Mann wie du wie ein verrückter Kerl aufführt."

„Das ist alles, was du weißt, Bawbie", sagt er. „Ich weiß mehr über diese Dinge als du, und obwohl ich ein Fleischer bin, sieh dir Abraham Linkin an; er war von Anfang an mehr als ein Fleischer ; und der Jook von Wellinton – natürlich wurde er in Irland geboren; und sieh, was er erreicht hat! Ich sage dir, was es ist, Bawbie, wenn sie mich bei der Schlacht von Waterloo dabei gehabt hätten, hättest du eine andere Geschichte darüber gehört. Ich fühlte in mir, dass ich, wenn ich nur die Chance gehabt hätte – sieh dir an, wo der Schilfmann nicht brennt – ein dreckiger Sergeant oder General gewesen sein könnte –"

„Ein allgemeiner, elender Esel", warf ich ein. „Sehen Sie, da ist Ihr Hering. Trinken Sie jetzt Ihren Tee und halten Sie Ihre Zunge fest ."

"Ach, na ja", sagt Sandy ganz mürrisch – er ist so kräftig wie ein Maultier, wenn er sich hinlegt – "aber wir sind noch nicht tot, und vielleicht können wir noch ein paar Vögel fangen, wenn es dunkel wird. Was einmal dunkel war, kann wieder dunkel werden; der Geist von Bannockburn ist noch nicht ganz ausgestorben."

Aber ich ließ den Kerl schnatternd allein und rannte los, um ein paar Leute im Laden zu verabschieden. Haben Sie je von so einem Mann gehört? David Kenawee sagt, Sandy sei eine Art Spinner, und ich bin der Meinung, dass er nicht ganz falsch liegt, was auch immer das bedeuten mag.

Wie ich schon sagte, es gibt keine Läden mehr wie die alten Läden. Ich habe am Vormittag des Monats zwei oder drei kleine Sachen auf den Rasen gelegt und sie vergessen, bis der Laden geschlossen war. Es war fast zwei Uhr, als ich losrannte, um sie zu holen . Es war eine schöne Nacht, aber es war kalt. Gerade als ich die zwei oder drei kleinen Sachen einsammelte, hörte ich Stimmen über dem Deich und ich konnte nicht anders, als zu hören, was zu dieser Nachtzeit draußen war. Stellen Sie sich vor, was ich dachte, als ich Beek Steins Stimme hörte, der in Mistress Mollisons Dachkammer haust und sagte: „Eh, ja, Jeemie, es ist eine schreckliche Sache, Liebling. Ich habe wohl zwei Nächte lang an dich gedacht."

Das ist alles, denke ich mir, das sind Ribekka und Jeems Ethart, der Lokomotivführer. Jeems ist ein kleiner Mann, und Ribekka ist wie ich, sie ist auf der falschen Seite der Vierzig; aber, Leute, am Sonntagabend hätte man gedacht, sie wären beide ungefähr fünfundzwanzig.

„Meine schöne Scheiße", hörte ich Jeems sagen. Eine graue Scheiße, sagte ich mir. Da ist zwei Steine drin, wenn man einen Pfennig hat. Es würde ein graues Paar Pfund brauchen, um Ribekka zu tragen, das kann ich dir sagen.

„Gibst du uns einen Kuss, Ribekka?", sagt Jeems nach einer Weile; und Ribekka wird ein bisschen zimperlich und flüstert dann ein: „Bedien dich, Jeemie" – und da machten sie sich an die Arbeit wie zwei junge Männer.

Ich wusste nicht, ob ich in den Hof flüchten, „Feyre" brüllen oder auf den Deich klettern und ihnen mit meinen Klamotten einen Schlag auf die Linderung verpassen sollte. Also lerne ich noch immer.

Keiner von ihnen hätte je geglaubt, dass sich im Umkreis von fünfzig Metern eine lebende Seele aufhielt, und die krachte und rannte wie ein paar Pferde davon.

„Ist es nicht eine Kleinigkeit, dass sie mich nicht Izik nennen?", sagt Jeems.

„Wie meinst du das?", sagte Ribekka.

„Weil es so toll ausgesehen hätte – Izik und Ribekka, siehst du?" Und sie wieherten und lachten so.

„Und ich wäre Ribekka an der Mauer gewesen", sagte Beek.

"Genau", sagte Jeems, "obwohl diese alte Pumpe kaum die Art von Wand ist, die sie damals hatten. Ich hoffe, es gibt keine Horngollochs darum herum."

„Es ist schon zwölf Uhr", sagte Ribekka. „Wir müssen los. Guten Tag, Jeems. Pass auf mich auf. Guten Tag."

„Gut, mein hübsches Mädchen", sagte Jeems zu ihr. „Habe keine Angst, dass ich dich vergesse . Ich hebe nie eine Handvoll Kohlen, ohne dass ich dein Gesicht sehe. Jeder Zug der Lokomotive bringt mich zu dir, Ribekka, und wenn ich mich hinsetze, um mein Abendessen einzunehmen, trinke ich eine Weile meinen Krug, so sehr bin ich damit beschäftigt, an dich zu denken."

„Eh, Jeems, du verarschst mich jetzt! Aber gute Nacht! Eh, bedenke, es ist Sabbatmorgen."

„Guten Tag, mein hübsches Mädchen. Oh, Ribekka, du bist süßer als Heidehonig. Ich wünschte, der Sint-Tammas-Markt wäre hier, und wir wären nicht länger als zwei, sondern nur noch ein bisschen zusammen. Mein hübsches Ding! Guten Tag, mein eigener Duft ist Geranie", sagt Jeems.

Ich fing an, mich ein bisschen elend zu fühlen, wissen Sie. Die beiden Löffelchen haben mir einfach das Gefühl gegeben, als hätte ich eine Limonade oder so etwas getrunken. Sie wissen, was ich meine – die Art von „ kitschigem Gefühl", das Sie zum Kreischen bringt, wissen Sie nicht, wie.

„Gude-nicht, Jeems", sagt Beek erneut. „Ich werde nie jemanden außer dir lieben."

„Bist du sicher?", begann der alte Esel wieder; und ich wäre vor Kälte fast erfroren und könnte nicht von der Leine kommen.

„Niemals!", sagte Beek, „niemals!"

„Also, gib mir Bescheid, Liebling, und sieh zu, dass du mich nicht vergisst. Willst du nicht?"

„Du brauchst keine Angst zu haben, Jeems. Ich liebe nur dich und keinen anderen Körper auf der weiten, weiten Welt. Guten Tag, mein Jeemie."

„Gut, dann nicht, Ribekka, Liebes. Und wenn du nicht vergisst –"

Aber das war zu viel für mich, also brüllte ich einfach „Gute Nacht, ihr habt Hunger", so weit ich konnte, und lief den Hof hinauf, um zu sehen, was ich konnte.

Sandy lag um zehn Uhr im Bett und schnarchte wie ein Dragoner, als ich die Treppe hochging. Aber als ich wieder runterkam, sprang er plötzlich hoch, als hätte er einen Fußtritt gemacht.

„Sag mir, Bawbie, wo auf der Erde warst du?", sagt er, während er sich in den Kopf setzt und den Atem einzieht, als wäre ein Schwall kalten Wassers um ihn herumgeflossen. „Du warst sicher beim Walfang. Meine Güte, deine Füße sind so kalt wie ein Eis. Halte sie von mir fern."

Ist das nicht genau wie diese Männer? Wir können sie in Gelddingen schlagen, das gebe ich zu; aber aus lauter Selbstsucht kommen Sie auf Ihre Kosten!

XV.
SANDY HÄLT EINE REDE.

Vor einiger Zeit gab es in unserem Waschhaus ein großes Treffen – „Nochties-an-Broziana", Bandy Wobster nannte die Versammlung Sandy. Am anderen Mittwoch war der Laden natürlich am Nachmittag geschlossen; ich bin ein großer Anhänger des halben Feiertags, wissen Sie. Ich finde, das ist eine großartige Idee. Es verschafft einem mitten in der Woche eine Art Atempause oder zwei, und es stört niemanden. Die Leute kommen einfach, um ihre Sachen zu holen, bevor Sie schließen. Es macht keinen Unterschied. Wenn Sie nicht aufgemacht hätten , wären sie einfach am Abend vorher gekommen.

Nun, aber wie ich schon sagte, am zweiten Mittwochabend warf ich mir den Schal über den Kopf und trat im Abendgrauen aus der Hintertür. Es war ein schöner Abend, und ich saß auf dem Kochsitz neben dem Hammer des Waschhauses und hörte das Gepolter drinnen. Ich richtete mich auf und schaute ins Bockfenster, genau dort, wo die Schuppen saßen, und da waren Sandy und seine Kumpels, die fleißig rauchten und knallten und sich inmitten eines großen Gestanks und Lärms amüsierten.

Gerade als ich hineinsah, sagte Bandy Wobster etwas zu Dauvid Kenawee, und Dauvid erhob sich, nahm seine Pfeife aus der Hand und sagte: „Ruhe! Ich schlage Herrn Wobster auf den Stuhl vor."

„Hört, hört", sagten alle anderen; und dann stieg Bandy auf den Kessel, legte sich auf den Bauch, drehte sich um und setzte sich mit den Beinen über die Vorderseite des Kessels, genau wie ein Junge, der auf dem Deich am Common sitzt. Watty Finlay, der Weber, schob ein Butterset hin, auf das Bandy seine Füße stellen konnte, und dann saßen alle still da, als ob etwas passieren würde.

Bandy nahm ein Stück teerige Schnur oder Tabak oder so etwas, rieb sich die Hose und knabberte ein Viertel Yard davon in seinen Mund. Dann schluckte er einen Spucke herunter und sagte: „Freunde und Jungs, Steuerzahler." Bandy hat in seinem Leben noch nie Steuern gezahlt. Er wohnt in einer zwei Pfund teuren Dachkammer in den Wyndies und zahlt kaum jemals Miete, außer für die anderen. „Freunde und Jungs, Steuerzahler", sagt er.

Bandy stand diesmal oben auf dem Boden der Buttermaschine und die Billies lauerten wie verrückt.

„Freunde und Freunde", sagt Bandy erneut. „Sieh zu, dass die Tür auf dem Kopf steht, Sandy, und lass den Kanonenrohr nicht rausfliegen."

Sandy stand auf und ging zur Tür, stellte den Kerzenhalter ein Stück näher zu Bandy und setzte sich dann wieder aufs Sofa.

„Ich muss nicht viel sagen", sagt Bandy. Bandy wurde in Aiberdeen geboren, wissen Sie, und er hat eine Zeit lang eine ganz komische Art zu sprechen. „Ich muss nicht viel sagen, wissen Sie", sagt er, „und folglich werde ich nicht viel sagen."

„Hört, hört", brüllte Watty Finlay.

„Die Wahlen zum Toon Council stehen vor der Tür", fuhr Bandy fort, „und als Bürger des britischen Imperiums müssen wir nach geeigneten und geeigneten Personen Ausschau halten, die die Ansichten der Demokratie im Toon House und in der Polizeikommission vertreten. Meine Herren –"

Dies zwang alle Bauern dazu, sich in ihre Sitze zurückzulehnen und ihre Münder mit den Ärmeln ihrer Jacken zu schließen. Watty Finlay saß neben dem Eimer, auf dem er saß, aber er bekam sein Gleichgewicht wieder und sagte: „Ja, Mann", und dann saß er wieder richtig da .

„Meine Herren", sagt Bandy, „die Zeit zum Handeln ist gekommen. Unser Wasser ist nicht zum Trinken geeignet, und im Hafen gibt es kaum etwas außer Wasser. Mir blutet das Herz, wenn ich um die Küste herumgehe und all die Schiffe sehe, die aus dem Hafen segeln, und kein einziger lebender Mensch kommt herein. Meine Herren, dieser Hafen wächst zu einem riesigen weißen Elefanten heran."

„Das gilt auch für das Watter Toor und das Rettungsboot", brüllte Dauvid Kenawee.

„Der Toon ist voll von weißen Elefanten, allen Farben", sagte Moses Certricht. „Der Toon Council hat es wie eine Wildtiershow gemacht."

„Hört, hört!", rief die ganze Truppe, und Stumpie Mertin wurde etwas aufgeregt, brüllte „Ruhe!" und ließ sie loslegen .

„Meine Herren", sagte Bandy erneut, „es ist so peinlich, dass alle städtischen Angelegenheiten ganz und gar dem Teufel überlassen sind; und ich habe das große Vergnügen –"

„Hört, hört", sagte Watty Finlay, „er ist der Mann." Daraufhin wurde ein bisschen gelacht, und Watty fügte hinzu: „Ich meine natürlich Sandy – nein, der Teufel bei Bandy hat davon geredet."

„Ich wollte gerade sagen", sagte Bandy, „als ich von dem ehrenwerten Herrn unterbrochen wurde –"

„Oh, ruh dich aus", sagte Watty, und Bandy musste wieder von vorne beginnen.

„Ich wollte gerade sagen", sagte er, „dass wir ein paar Männer mit Klugheit und Standhaftigkeit zur Hand nehmen müssen, und es ist mir eine große Freude, unserem würdigen Freund, Herrn Bowden, meinen Dank dafür auszusprechen, dass er sich dafür eingesetzt hat, den Toon Council von allen Steuererhöhungen zu befreien, bis die Besteuerung in Vergessenheit geraten und der Vergangenheit angehören wird. Herr Bowden ist ein Mann –"

„Hört, hört", sagt Watty noch einmal.

„Meister Bowden ist ein Mann, der niemals etwas tun wird –"

„Hört, hört", fällt Watty wieder ein. Er plapperte die ganze Zeit wie ein Papagei vor sich hin.

„Nichts unter der Gürtellinie", fuhr Bandy fort. „Geben Sie ihm Ihre Stimme, meine Herren. Ich kann ihn empfehlen. Sandy – ich meine Mester Bowden – wird auf seinem Posten bleiben wie Cassybeeanka oder wie auch immer sie den Billie nannten , der in der Schlacht am Nil die Hauptlast trug. Er wird nicht wie einige von denen sein, die wie Ralph der Rover,

Segelte los und
durchstreifte viele Tage lang das Meer.

Meine Herren, jeder hier sollte sein Bestes geben, um jeden Wähler dazu zu bringen, für Sandy, Mester Bowden, den beliebten Kandidaten, zu stimmen. Auf mit ihm zum Wahllokal!"

Bandy kam mit seinem kitschigen Kittel auf den Boden des Butterkastens und ging hinein, und er mit, und da war er, klatschte in die Hände und stand da, als säße er auf einer breiten Krinoline. So ein Gebrüll und Geschrei und Geschrei hast du noch nie gehört! Ich musste die Augen schließen, weil ich Angst hatte, ganz taub zu werden. Stumpie Mertin sprang so fest auf, als hätte er beide Beine, statt nur eines, und vergaß, wo er war, er starrte finster um die Wand und sagte: „Wo ist die Glocke, Jungs?"

Jetzt war Sandy an der Reihe; und nachdem David Kenawee, der alte Geordie Steel und Moses Certricht den Vorsitzenden aus dem Butterkasten und wieder auf den Kessel geworfen hatten, erhob sich Sandy von seinem Sitz mit einem Gesichtsausdruck wie ein Nachtwächter. Sie schwangen alle ihre Arme um ihre Köpfe und jubelten wie verrückt, und Sandy holte tief Luft und sah sich um, als hätte er Angst, dass ihn einer von ihnen in den Kübel packen würde.

Als sie sich beruhigt hatten , gab Sandy ein Gastmahl und Watty Finlay sagte: „Hört, hört."

„Freunde Wähler", sagte Sandy, „ich möchte mich für den herzlichen Empfang bedanken."

Sandy hatte das im Voraus parat, denn er sagte ihr Aff genau wie „Man's Chief End". Dann hob er seinen Hut und legte ihn auf die Kante des Sofas. Er legte seine Elba auf sein Knie, sein Kinn auf seine Hand und sah ganz wie zu Hause aus, so wie er es gewohnt war, seit seiner Geburt bei Versammlungen zu sprechen.

"Ich denke, unser ehrenwerter Vorsitzender hat zu hoch über meine Fähigkeiten gesprochen", sagte Sandy, "aber was meine Schuld betrifft, werde ich meinen Posten niemals verlassen, sondern fest bleiben." An diesem Punkt rutschte Sandys Körper von der Sofakante, und er setzte sich hin und gab Moses Certrich einen Schlag in die Kehle mit dem Gesang seines Kopfes, der Moses' Kopf wieder hochgehen ließ, zu Dauvid Kenawees.

„Warum in aller Welt schleppt ihr euren Kopf so mit mir herum?", sagte Dauvid und starrte Moses finster an wie eine Wildkatze. Und Bandy trat mit den Hacken gegen die Vorderseite des Kessels und brüllte: „Ruhe, meine Herren. Respekt vor dem Stuhl!"

Ich wollte gerade schreien: „Ihr müsst lieber auf meinen Kessel achten und keine Trittlöcher in den Kessel mit euren vielen klapprigen Absätzen haben", aber ich behielt es für mich.

Sandy richtete sich wieder auf, zog seinen Weste aus , knöpfte seinen Mantel zu und knöpfte ihn zu. Ich konnte deutlich sehen, dass er versuchte, Englisch zu sprechen, aber es reichte nicht. „Ich bin kein Mann des Lernens", sagte Sandy. „Ich bin ein arbeitender Mann, und wenn ich mich mit öffentlichen Angelegenheiten beschäftige , dann nur, weil ich sonst nichts zu tun habe, und es wird mich viel länger auf Trab halten. Wie unser jeweiliger Vorsitzender sagt, bin ich nicht wie Ralph der Vagabund, der einen Tag lang auf dem Meer herumsegelt und das Meer durchstreift. Das sieht nach einer reinen Seifenoper aus – genau wie das, was im Stadtrat jeden Tag passiert. Sie können darüber lachen, Freunde, aber es ist die Wahrheit, und was ist der Grund dafür?"

„Es gehört ihm! Es gehört ihm, Jungs!", brüllten alle Jungs im Waschhaus.

„So ist es", sagte Sandy. "Unser Toon-Rat ist genau wie dieser Ralph der Rover, der ohne Ende das Meer durchkämmte – denn das Meer braucht kein Durchkämmen –, als er zu Hause gewesen sein muss, um seiner Frau zu helfen, die Waschmaschine zu waschen. Es ist nützliche Arbeit, die wir brauchen. Nicht die Kapriolen Ihres Bailie Thingymabob mit seinen Eselsmaschinen, eksettera. Echt tausend Pfund für eine neue Kirche! Haben Sie jemals so etwas gehört! Was ist mit der großartigen Aussicht, die Sie bekommen? Ein paar dieser Ratsmitglieder knacken, als würden sie Bugwinden in alle Gräber streicheln, damit Sie nach Ihrer Beerdigung eine großartige Aussicht haben. Blödsinn! Das ist genau das, was ich als Durchkämmen des Meeres wie Ralph der Rover bezeichnen kann."

Bei Gott, Jungs, Sandy hat mir diesmal mehr Gin gegeben. Ihr habt noch nie gehört, wie er es ihnen angetan hat, seine Nippel gestochen und mit seinen Armen auf ihn eingeschlagen hat .

„Achttausend Pfund!", brüllt er wieder. „Das sind sieben Schilling für den Mann, die Frau und das Kind in der Stadt Arbroath. Was denkst du darüber? Aber das ist nichts. Da ist auch noch der Müllhaufen der Stadt; der muss noch mal angeschaut werden."

„Hört, hört", warf Watty als nächstes ein, und Bandy fügte hinzu: „Es ist sehr notwendig, das kann ich Euch an meiner Nase ablesen ."

„Was halten Sie von einem Misthaufen mitten in Ihrem Kopf?", fuhr Sandy fort. „Ich warte auf eine Antwort", sagte er mit einer Art Totengräberstimme. Er schlug die Beine übereinander und steckte eine Hand in die Schöße seines Mantels. Er verlor ein wenig das Gleichgewicht und sprang wieder auf, Bandy Wobster. Es gab ein Knirschen und ein Platschen, und da ragten die O-Beine des Vorsitzenden aus dem Kessel, und sein Gesicht sah zwischen seinen Füßen hervor, mit einem Paar Augen wie eine Wildkatze. Er steckte bis zum Hals in den Sachen, die ich für die Morgenwäsche eingeweicht hatte. Bei dem Nesthocker, der er war, hätte ich nicht wissen können, was mit ihm los war.

„Du großes, dickes, dreckiges, zähes Biest", brüllte ich ins Fenster, „komm heute Morgen aus meinen Klauen, oder ich komme rein, zünde das Feuer an und koche dich." Sandy brannte aus der Kerze, und bei allem, was man je von „Wie geht es dir?" hörte, hast du nie das Mark davon gehört. Stumpie Mertin brüllte „Ruhe! Feyre!" mit der höchsten Stimme, und der Vorsitzende heulte: „Um Himmels willen, haltet ein paar von euren Händen, bis ich von dieser Wand weg bin, sonst bin ich ein toter Mann."

Ich glaube, er hatte sich von einem Regal über den Kopf gestoßen und sich einen Dreck reingezogen, denn da lag ein furchtbarer Haufen zerbrochener Flaschen und Rinderkonserven, und Gebrüll und Fluchen, so etwas hat man noch nie gehört.

„Was in aller Welt hast du dir dabei gedacht, aus der Kerze zu blasen, Sandy?", fragte Dauvid Kenawee. „Warte mal, bis ich eine Kerze anzünde und sehe, was los ist", sagte er, und dann zündete er ein Streichholz an und zündete die Kerze an. Bandy war irgendwie aus dem Kessel gesprungen, aber Stumpie Mertin hatte sein breites Bein am Knöchel festgezurrt, und da war er, kreischte herum, wippte wieder auf und ab wie ein Kaninchenschwanz und brüllte „Mord!"

„Ich denke, wir sollten den Rest des Treffens besser bis morgen Abend verschieben", sagte Moses Certricht, „und dann können wir uns irgendwann den Müllhaufen des Wagens ansehen."

„Schauen Sie sich einfach um", sagte ich im Wind, „und Sie werden eine Menge Mist sehen. Wer wird das hier aufräumen? Ich warte auf eine Antwort", sagte ich mit einer Stimme, die so sehr wie Sandys Bestattungsverein klingt, dass ich so gut sprechen kann. „Sprechen Sie darüber, Sandy Bowden am Zapfhahn zu streicheln. Ich denke, er wird am Ende des Bissam-Stoßes nützlicher sein."

„Kommt schon, Jungs", sagt Bandy. „Ich tropfe bis zum Hals und es ist Zeit, dass ich hier rauskomme."

„Hört, hört", sagt Watty wieder; und aus dem Eintrag haben sie sich ohne Worte verabschiedet. Wenn ich mich nicht irre, ist das das Ende von Sandys Toon Cooncillin'; und bis dahin, denke ich. Der Mann hat keinen Sinn, über so etwas nachzudenken. Absolut lächerlich!

Sandy und ich waren gestern Abend draußen im Sands und haben einen kleinen Spaziergang gemacht, und wir waren schrecklich ruhig. Es schien nichts zu geben, was man über Ava sagen könnte. Also sagte ich einfach in einer Art Scherz: „Ja, Sandy, und hast du schon das Bezirkskomitee gesehen, Junge, über diese Sache mit dem Stadtrat?"

Wie man sich denken kann, wurde sein Gesicht grau, aber nach einer Weile wurde er wieder ganz und sagte: „Wir werden danach wie der Skule Brod sein, Bawbie. Wir werden unsere Treffen unter vier Augen abhalten, und nur Sie und die Öffentlichkeit werden über Dinge Bescheid wissen, aus denen Sie nichts machen können. Sehen Sie? Wenn Sie Ihre Nase in ein paar lauschende Bolies stecken , werden Sie vielleicht am Ende die Pechsträhne eines Bissam-Schafts bekommen. Das wird Ihnen beibringen , sich zu entspannen und auf die Angelegenheiten anderer Leute zu hören."

"Halt mich fest!", sagt er. "Du bist furchtbar pfeffrig heute Nacht, Sandy. Was ist dir gegen den Strich gegangen, Mistkerl? Ich war es nicht, der Bandy in den Kessel gestoßen hat; aber er war nicht gerade ein bisschen steil, denn er zieht eine schmierige Spur hinter sich her. Er spricht von der Wasserversorgung! Er weiß nicht viel über die Wasserversorgung oder die Seifenversorgung."

"Hör mal, Bawbie", sagt Sandy, "wenn du mich deswegen noch mehr aufziehen willst, dann ist es genau das, was ich meine. Ich werde wegrennen und mich dem Mileshie anschließen. Ich würde lieber mit einer echttonnenschweren Kanone in die Luft gesprengt werden, als mehr von deinem Geschwätz zu ertragen."

„Tut, tut, Sandy", sage ich, „bleib auf deinem Schwanz, Mann. Du brauchst nicht in so eine Straße zu steigen. Halt mich fest, die Leute würden denken, du würdest über die alte Kirchenfrage sprechen, während du brüllst. Die Mileeshie würde dich nicht nur treffen, und wir sind noch nicht ganz bei dir zu Hause . Aber wenn du das nächste Mal eine Rede hältst, Sandy, versuch nicht, auf einem Bein zu stehen. Das ist es, was dich aus der Fassung gebracht hat . Siehst du –"

Ich sah mich um, und Sandy war nicht da. Als ich mich umdrehte, sah ich ihn im Sande rennen, mit den Fingern in den Stollen, wie Jeck mit seinen gefederten Absätzen. Ich sage euch, dieser Mann wird kein einziges Wort beachten, das ich ihm sage.

XVI.
SANDYS WEIHNACHTSGESCHENK.

Oh, Mist! Wenn Sandy etwas Besonderes vorhat, macht er immer gleich eine Gosse aus irgendwas. Am Sonntagabend war er wieder beim Hosten, Spucken und Sagen, und dann sagte er: „Ja, Bawbie, heute Abend ist es schön." Er fegte zwei- oder dreimal hinter dem Fass mit dem Waschsoda her; dann ruderte er den Tnock hoch, der zeigte, dass sie seither nie wieder ein Boot gelenkt hat. Er nahm den Hammer und rammte alle Kohlen in den Sand, und dann stöberte er im Hinterladen herum, bis ich nichts mehr in die Hände bekam, was ich wollte. Ich sah deutlich, dass etwas im Wind war; aber so sehr ich auch mein Bestes tat, ich konnte nicht herausfinden, was es war.

Er hat die Ladenläden aufgemacht und das Gas an der Kasse abgedreht, bevor ich die Kinder aus der Kasse geholt und reingehauen habe. So etwas hat man noch nie erlebt. Er wollte mir unbedingt helfen, und er hat mich fast einen halben Stock zurückgehalten.

Das ging an einem Sabbat! Er war dreimal in der Kirche, und er saß da und sang, bis die kleinen Mädchen im Chor fast ein bisschen Angst hatten. Aber Sandy hat seinen Jundie nie gelacht. Er steckte einen weiteren Knopf in seinen Mantel und sang bis zum Alten Hundert wie Wellintons Jook in der Schlacht von Waterloo. Der Chor sang am Abend eine Hymne, und Sandy sang gleichzeitig noch eine, während der Rest der Leute dem Wettkampf zuhörte. Sandy kreischte und kreischte und sang zwischen den Köchern und mitten durch das, was er die Krücken nannte, wie ein junger Pärchen auf einem Hexenpfosten. Mistress Glendie, die auf dem Boden des Sitzes sitzt, ist eine Sängerin, und sie legte ihre Ohren zurück und lief wie ein Maultier auf Sandy zu, aus den Augenwinkeln, aber Sandy tupfte nie. Seine Augen, wenn er seine Nase nicht in sein Buch vergraben hatte, waren auf dem Dach der Kirche, und Mistress Glendie gab nie einen Mucks von sich , außer wenn Sandy seinen Speichel schluckte.

Nachts zur Kirche zu gehen, war schon etwas Besonderes. Es war keine Lampe zu sehen – und keine Straßen! Sogar die Jungs von der Sabbatschule waren auf dem Weg zur Straße, wo es die meisten Gossen gab, und traten sie gegeneinander. Die Mitte der Straße konnte den Kanon nicht zu den Gossen halten, um den Sabbat zu vermeiden. Sandy und ich gingen am Hafen entlang, und Sandy plapperte wie ein Wasserfall – „Bleiben Sie auf dem Laufenden, Oman." Er hielt seinen Kopf so fest auf den Beinen, dass er, bevor ich wusste, wo ich war, beide auf den Gossen in den Höhlen herumwatschelte. Er hatte die entgegengesetzte Seite des Deichs am Ende der High Road genommen und war den Abhang hinunter statt hinauf! Wir sahen die große Lampe auf der Brigg aufsteigen wie ein Leuchtturm zwanzig

Meilen entfernt. Sandy lag irgendwo im Schlamm und sein einsamer Sohn hob sich mit einem lauten Knacken, wie eine Pumpe aus dem Reißzahn.

„Ich glaube, das ist mit Sicherheit der größte Schlamassel, den wir je erlebt haben, Bawbie", sagt er.

"Sieht aus wie der Wardmill-Damm", sage ich, "aber wenn ich nicht mehr lebe, lasse ich die ganze Welt davon hören. Wir haben ein großes Beleuchtungskomitee, um Leute, die auf dem Weg zur Kirche so im Dunkeln herumlaufen, dazu zu bringen, sich zu verstecken! Da ist viel im Dunkeln herum", sage ich, sage ich, "und bis dahin muss es ein Ende haben. Es ist ein totaler Skandal."

Genau in diesem Moment bekam Sandy das Treppengeländer zu fassen, und wir beide wurden ein Stück weit nach oben gezogen. Als ich auf die Straße kam, rutschte ich hin und her wie ein Mädchen auf dem Teich, bis ich schließlich stürzte, auf dem Zopf meines Rückens landete und meine lebensgroße Gravur mitten auf der Straße liegen blieb. Es war gut, dass ich mein bestes Kleid nicht anhatte! Ich zog es zur Teezeit aus, denn diese Dachrinnen machen einen Körper schrecklich kaputt.

"Es ist eine schwarze, brennende Schande", sagt Sandy, als er mich hochhob; "und ich weiß, einige der Jungs vom Beleuchtungskomitee werden für diesen Mist von ihnen in der Nacht einen Haufen in den Gossen kriegen. Es ist eine schöne Nachtfestung. Es gibt keine Steuern und die Straßen sind so dunkel wie eine Zelle – ein Kinderspiel, und kein Fehler. Gott! Ich sage dir, was es ist und was es nicht ist, Bawbie –"

"Pfui, Sandy", sagte ich. "Halt mich fest, wenn du so weiter schwadronierst, werden die Leute denken, du hättest angefangen, auf der Straße zu predigen. Halt deine Zunge im Zaum. Ich bin nicht viel dagegen."

Sandy nahm sein Messer heraus und kratzte mich ein bisschen; und wir landeten bei der Kirche und bekamen eine ziemlich gute Predigt über den Birkenstock, der in Simaria wohnte und auf dem Heimweg fiel, und so weiter. Ich war nicht sehr besorgt darüber, nach all dem – nach der Rede, ich meine natürlich, nicht nach der Predigt – und als wir nach Hause kamen, stieg ich aus meinem Gefährten; und obwohl Sandy dem Beleuchtungskomitee und den Straßenräubern einen halben Tag durch die Mühle ging, dachte ich nicht viel weiter darüber nach.

Aber wie ich schon sagte, das war ein Vorspiel. Sandy konnte nachts nicht still sitzen, und er sang und rauchte, bis ich, zwischen Taubheit und Besoffenheit, in der Nähe war. Nachdem ich dieses Kapitel gelesen hatte, ging ich zu meinem Bett. Ich schaute zwei- oder dreimal auf und sah Sandy vor dem Feuer sitzen, seine Zähne wirbeln und dann ein bisschen pfeifen. Nach einer Weile machte er das Gas aus und begann, seine Hände zu heben und sich zwischen den Möbeln wie immer breitzumachen. Er kam nach einer Viertelstunde mühevollem Gekraxel in sein Bett und schnarchte wie ein Dragoner.

Als ich morgens aufstand, lag da nichts als ein großer, kleiner Junge in einer braunen Schachtel auf meinem Stuhl, mit einer Weihnachtskarte auf dem Deckel. Als ich die Schachtel öffnete, lag einer meiner Strümpfe auf dem Deckel eines großen Kuchens, genau so:

An

B. BOWDEN von aF IEND

Ich schaue zu Sandy zurück und da liegt er mit einem Gesichtsausdruck, als ob er aufs Pfarrhaus gehört.

"Eh, Sandy! Was bist du für ein Mann!", sage ich, denn, wohlgemerkt, ich war am Morgen des Munanday eine sehr stolze Frau.

„Es war Sandy Claws, 'oman", sagt er und stürzt los. „Er konnte die Schachtel nicht in deinen Strumpf packen, also hat er einfach deinen Strumpf in die Schachtel gesteckt. Aber es ist wohl nur ein Saxophon und ein halber Ton."

Ich stelle den Kuchen ins Licht und lese die schönen weißen Zuckerbriefe heraus: „An B. Bowden von einem Teufel." Aber was für ein Teufel ist das, Sandy?", fragt er.

„Unhold!", brüllte Sandy und sprang aus seinem Bett. „Lass uns sehen."

Er starrte den Kuchen finster an, als wollte er jemanden in die Irre führen, und dann sagte er: „Sieh dir mal meine Hosen an, Bawbie. Ich gehe hin und streichle den Bäcker durch seine Rührmaschine. Ich werde ihm zeigen, was für ein Teufel ich bin. Ich werde ihn zum Teufel machen."

"Warte mal, Sandy", sagte ich. "Hier ist einer der Buchstaben, die an meinem Strumpf kleben." Natürlich klebte hier ein großes "R" an den Rippen meines Strumpfes; also nahm ich einfach einen Klecks Kleber und klebte es auf den Kuchen, sodass es richtig stand. Sandy war wirklich erfreut, als er mich so groß auf meinem Kuchen sah; und er ist mit allen vieren hineingelaufen, um "den Kuchen der Frau" zu sehen, weil er es nicht konnte. Und er steht mit den Zehen in den hinteren Löchern seines Stiefels und lacht und sagt: "Tut mir leid, nichts da, nichts zu sagen", wenn ich ihnen sage, wie groß ich darauf bin.

Sie wird am Munanday kaputt gehen – am Nooeer-Tag. Wenn Sie vorbeikommen, schauen Sie vorbei und holen Sie sich ein paar Sachen. Ich freue mich sehr, Sie zu sehen, da bin ich mir sicher. Ein frohes neues Jahr für Sie, wenn es soweit ist – und viel Glück! Ah-hy! Guten Tag, wenn Sie

heute morgen da sind! Imphm! Guten Tag. Kommen Sie vorbei und geben
Sie uns einen Schrei am Munanday, noo-na. Tschüß!

XVII.
BEIM KONZERT DES AUSGEWÄHLTEN CHORS.

Seit Freitagabend bin ich wieder mit meinem Herzen und so viel Musik beschäftigt! Ach, wie sehr habe ich den Gesang von Gleeka Koir genossen. Ich habe seit vielen Tagen nichts Vergleichbares mehr gehört. Wissen Sie, gute Musik berührt mich wie eine gute Predigt – und das eine Weile lang. Ich kann nicht anders, als daran zu denken. Die Melodie, die ich gehört habe, kommt mir manchmal in den Sinn, und dann sang ich vielleicht im Laden vor mich hin: „Kommst du nicht wieder?" und gab jemandem Senf statt Mehl, und natürlich kommt es wieder zurück, und eine Art, damit umzugehen, und kein Fehler.

Aber, na ja, ich habe das Burns Club-Konzert genossen! Sandy und ich waren gegen sieben Uhr abends im Saal, und wir wurden ans Ende eines der am weitesten entfernten Sixpenny-Plätze gesetzt und konnten uns an die Rückseite eines der Shilliny-Plätze lehnen. Wir waren sehr froh, dass wir früh losgingen , denn der Saal war gerade voll; und um acht Uhr, erzählt mir Sandy, boten sie eine halbe Stunde, um ihren Kumpel ans Schlüsselloch zu bekommen. Es war ein furchtbares Gedränge.

Da kam ein Carlie wie ein großer Pompis und versuchte, Sandy und mich auf den Sitz zu heben, aber Sandy machte ihm tatsächlich einen Strich durch die Rechnung.

„Hast du eine Karte?", fragt Sandy.

"Ja, das habe ich", sagt der Kleine und verzieht die Lippen ganz bissig. "Ich habe eine Drei-Schilling-Karte."

"Ja, gut, geh hier raus", sagt Sandy. "Das sind die Sitze für die Jungs, und wir wollen nicht, dass einer von euch Jungs seine Jungs bestehlt . Wenn ihr nur eine Drei-Schilling-Karte habt, werdet ihr hier rauskommen, ganz schön was", sagt Sandy; und eine Menge Leute unterstützen ihn, und, wohlgemerkt, der Kerl musste wieder wegkriechen, wo er herkam. So eine Frechheit von dem Kerl! Denkt wohl, er wäre mit seiner Drei-Schilling-Karte von seinen Jungs zerquetscht worden !

Immer wenn das Singen begann, konnte man ein Geschrei hören. „Da wurde ein Junge in Kyle geboren", sagte er und ließ Sandy aus der Nähe von seinem Sitz aufspringen. Er konnte seine Füße kaum stillhalten und nickte mit dem Kopf von einer Seite auf die andere und nickte, als wäre er ein neuverheirateter König, der durch die Straßen Londons zu seinen Flitterwochen fährt. Als er „Meine Liebe, sie ist wie ein Schilfrohr, eine

Schilfrose" sagte, schnalzte er mit den Lippen, drehte den Blick nach oben zur Rute und sah mich zwei- oder dreimal an, als würde er gerade ein Lied dieser Art singen. Das war früher ein Lieblingslied von Pecker Donnit, als er in Dimbarrow auftrat. Na ja, ich habe ihn schon oft dabei gehört. Gefällt Ihnen der Peeker? Er hat in jenem Bauernhaus, das ein Stück vom Whin Inn entfernt war, übernachtet. Er hatte zwei Töchter, wie Sie wissen, und einen Kater, der Weiße mit blindem Auge tötete. Ja, das ist schon eine ganze Weile her! Aber ich bin mit meiner Geschichte fertig.

Ich kann Ihnen nicht sagen, welches der Stücke mir am besten gefällt. Ich saß einfach daneben und war ziemlich verzaubert. Ich dachte, die beiden Mädchen, die „The Banks an' Braes o' Bonnie Boon" sangen, waren furchtbar nett. Raley, mein Herz war zwei- oder dreimal in meinem Mund, als sie bei den Stücken waren, wo sie laut sangen, genau wie das Geräusch des stärkste Windes im Vorabend unter den Pranger. Sandy schwankte auf seinem Sitz herum, als würde er Veloziped fahren lernen, und holte tief Luft , als er hin und her ging, und sagte: „Impfm; ja, Mann; genau das." Er improvisierte, als die Mädchen sich hinsetzten , bis man dachte, er hätte Blasen an den Händen; aber ich glaube, ihm fiel nichts ein, außer dass er sich Luft machen konnte.

Als die Leute anfingen, über Willie Wastle zu singen, wieherte Sandy wie ein neu gerittenes Fohlen, und als sie zur letzten Zeile der Strophe kamen, schlug er mir mit seiner Elba in die Rippen, als wollte er sagen: „Das ist was für dich, Bawbie!" Aber ich beobachtete ihn, und als sie bei der letzten Strophe ganz schnell sagten : „Ich würde ihr keinen Knopf geben", schob ich mich nur ein wenig vor, und als Sandys Elba fehlte, landete er genau auf dem Schoß einer Fischerin, die neben ihm saß. Es wurde viel gelacht und geklatscht, wo wir waren, das kann ich Ihnen sagen.

Ich mag „Scots wha hae" und „Macgregor's Gaitherin'". Ich fand das einfach großartig. Als sie „Scots wha hae" sangen, starrte Sandy ihn finster an, als ob er es gern wüsste, wenn es jemand hören wollte. Was für ein Lärm war da an den starken Stellen. Die meisten von mir wissen, wo diese Männer sind, und wir bekommen diesen Lärm. Bei einigen Zeilen von „Macgregor's Gaitherin'" war es wie der Wind, der über Glen Tanner donnert, oder die Rooshyan-Kanonen bei Sebastypool. Ich konnte nicht umhin zu bemerken, wie es alle aufrecht sitzen ließ. Als das Mädchen so schön sang, „John Anderson, mein Jo", und die Köpfe der Leute schwangen; aber bei „Scots wha hae" setzten sie sich wie Rettungsschwimmer auf, und der ilky body neben mir sah aus, als könnte er nicht mit ihnen reden.

Sie haben da etwas gesungen, das nicht auf dem Programm stand, woran ich aber sehr gedacht habe. Es war irgendwas mit „Tramp! Tramp! Tramp!" Eines der Mädchen hat hier und da selbst ein bisschen gesungen, und äh, was war das für ein herrliches Lied. Sie hat aufgestanden und zwischen den Noten gesungen, als würde eine Gabel leuchten, und ihre Stimme klang so klar wie eine Glocke. Es war wirklich etwas ganz Hübsches. Als sie es ahnte, hätte man gedacht, die Leute würden im Haus klingeln. „Mann, das ist wirklich ein grünes Ding; es schlägt alles, was ich je gehört habe", sagt Sandy und drückt sich die Nase mit dem Handrücken fest. „Diese Dame hat wirklich eine großartige Pfeife; Sie würden wissen, wo sie Platz für all den Wind hatte, den sie brauchte." Ein paar Leute machten sich auf den Weg zum Boot, als Sandy das sagte; aber, Leute, wohlgemerkt, das Mädchen hat mich ziemlich überrascht.

Als die Danksagungen ausgesprochen wurden, klimperte und schepperte Sandy aus einem Takt. Ich dachte, ein oder zwei Mal würde er selbst ein oder zwei Worte sagen, so aufgeregt war er. Und als „Auld Lang Syne" erwähnt wurde, sprang er auf, richtete seine Schulter auf, zog seinen Weste aus, knöpfte alle Knöpfe an seinem Mantel zu und schluckte einen Spucke hinunter. Und huu, er sang und sang! Ich dachte, der Vorsänger, der den Takt schlug, sah zwei- oder dreimal zu ihm herüber, er brüllte und brüllte in diesem Tempo. Er sang mit der Höhe seiner Stimme –

Man sollte alte Bekannte vergessen und
nie wieder daran denken,

und während er mir vor Schaudern den Kopf in die Hose macht, sagt er: „Sing schneller, Bawbie" –

Für die Tage der guten alten Zeit.

Da war mal ein Fischer, der kam mit zum Refrain und machte einen furchtbaren Lärm. Er pöbelte immer mit einem Ton, als würde er jemanden anbrüllen, er solle den Penner runterlassen; und obwohl Sandy weitermachte, war er in einer richtigen Lage.

„Dieses Brüllen macht das Ganze einfach nur zum Heulen", sagte er, als wir fertig waren. „Man hätte leicht wissen können, dass er das Singen auf See gelernt hat", und er starrte ihn mit ganz bösem Blick an und sagte: „Halt deine Keule, du Brüller." Dann packte er die Hand des Fischers mit einer seiner und meine mit der anderen und begann –

Und hier ist eine helfende Hand, mein treuer Freund, Eksetera.

Der Fischer sah ganz verblüfft aus und warf keinen weiteren Blick hinein, aber Sandy stürzte sich wie ein Langhaarpferd auf die Finsternis und kam die Straße hinunter nach Hause und sagte: „Mann, das war wirklich ein Vergnügen!"

Das war es, kein Fehler, und wie der Vorsitzende sagte, wird es für viele ein unvergessliches Konzert sein .

XVIII.
SANDY LÄUFT EIN RENNEN.

Nun, ich werde Ihnen sagen, was es ist, und was es nicht ist – ich dachte die ganze Nacht, dass Sandy das Ende seiner Beine erreicht hatte. Wenn je eine Frau dachte, sie müsse die Hosen ihrer Frau anziehen, dann war ich das. Ich hatte nie erwartet, Sandy wiederzusehen, bis er auf dem Polizeigelände festgenommen wurde. Aber ich fange meine Geschichte lieber am Anfang an. Was kümmert es mich, ob jemand etwas darüber weiß oder nicht? Ich wurde so oft beleidigt, dass es mir egal ist, was passiert. Ich habe mein Bestes gegeben, um eine treue Ehefrau zu sein, und ich bin sicher, dass ich mich von einem Mann losgesagt und mit ihm eingelassen habe, den nur eine andere Frau zwanzig Jahre lang schieben würde! Aber das ist weder hier noch dort.

Nun, um zu meiner Geschichte zu kommen. Ungefähr eine Woche zuvor war ich an der Hintertür beschäftigt, hing ein paar Sachen auf, und als ich im Hinterladen Lärm hörte, warf ich einen kurzen Blick in die Fenster. Stellen Sie sich meine Überraschung vor, als Sandy mitten im Flur stand und seine Arme und Beine wie die Shaker von Robbie Smiths „Deevil" zusammenhielt.

„Was um Himmels Willen hat er bis heute gemacht?", fragte ich mich. Nach einer Weile hielt er inne, und mein Junge aß ruhig zwei rohe Eier auf dem Rand einer Tasse und warf sich damit auf den Boden. Er zerteilte die Eier in kleine Stücke und steuerte sie auf den Boden , sodass ich sie nicht sehen konnte. In der Mitte des Flurs kam er wieder an, und er streckte seine Beine aus, fing an, zuerst die Luft zu heben, und dann drehte er sich im Kreis wie das Schwungrad einer Maschine. Es erinnerte mich an die Schuljungen und ihre Eier. Also gut, dann ging ich ins Haus.

„Ja, ein Ei ist schon was Feines, Sandy", sagte ich, „besonders zwei." Ich drehte mich zur Kommode um, damit er mich nicht sah – ich konnte es nämlich nicht für mich behalten – und tat so, als ob ich nach etwas suchte.

„So ist es, Bawbie", sagte er, und ich bemerkte, wie er mit dem Blinden seinen Kopf bis zur Nase streichelte. Ich wirbelte schnell herum, und er ließ seine Hände wie ein Blitz sinken und begann „Tillygorm" zu pfeifen.

„Ich habe gehört", sagte ich, „dass ein rohes Ei gut für eine schmutzige Nase ist."

„Sie hören immer noch Geschwätz", sagt er, „aber da ist Robbie Mershell im Laden", und er rannte, um ihm zu helfen.

Ich wusste genau, dass da was nicht stimmte, also ließ ich meine Klappe offen, aber ich kam nicht an den Boden heran. Pottie Lawson, Bandy

Wobster und Sandy waren bei den Spielen der Highland Games immer ein
Haufen Mist, und ich wusste genau, dass da ein bisschen Mist zwischen ihnen
brodelte. Sie und zwei oder drei andere waren kaum jemals aus dem
Waschhaus. Große, viele, rumhängende , schäbige Schurken, jeder einzelne
von ihnen! Ich sage euch, Sandy hat sich in der letzten Woche nicht einen
Meter lang umgedreht, aber er hat sich mit ihnen herumgetrieben und sich
über dieses und jenes aufgeregt. Ach herrje! Wenn ich ein Mann wäre, so wie
ich eine Frau bin, würde ich die ganze Kiste umtreten und sie aus dem
Eingang werfen.

Ich ging zwei- oder dreimal an der Tür des Waschhauses vorbei und hörte
das Spucken, das Ochsen und Rufen und ein Geschwätz über das Springen,
das Reiben und so etwas; aber ich konnte weder das eine noch das andere
davon verstehen. Aber ich kann euch sagen, das andere und das andere
kamen am Dienstagabend heraus.

Sandy, wie auch wir, zog am Sonntagnachmittag seine Badehose an und ging
gegen fünf Uhr weg, und ich sah nichts weiter von ihm, bis er ganz aus dem
Häuschen war – aber davon werden Sie bald etwas erfahren. Es war ein
Anblick, der erste Anblick, den ich von ihm bekam, das kann ich Ihnen
sagen.

Ich habe mir gegen sieben Uhr eine kleine Tasse Tee gegönnt, denn ich war
vorher furchtbar beschäftigt gewesen. Nathan stand wie wir am Tisch und
wartete auf ein bisschen Teegebäck. „Ich mag keine Kinder", sagte ich zu
Nathan, gerade als ich ihm ein Stückchen und etwas süßes Gelee darauf
geben wollte.

„Mir ist das egal", sagt er, schnäuzt sich zwischen Finger und Mund und
dichtet nicht mit seiner Haube. „Ich bin nicht erwachsen geworden, aber ich
werde dir auf keinen Fall von Sandy erzählen. Er sagte, er würde mir eine
Standpauke halten, wenn ich ein Quatschkerl wäre, aber ich wollte es dir
gerade sagen, aber ich werde es jetzt nicht tun", und er ging zur Tür hinaus.
Ich schrie ihm zu, er solle zurückkommen, aber das würde er!

Ich habe ihn eine halbe Stunde lang nicht mehr gesehen, als er mit einem
Bündel Klamotten in den Hinterladen kommt und sie in den Flur wirft. „Da
sind Sandys Klamotten", sagt er. „Ich habe sie von Bandy Wobster am
Straßenrand gekauft. Er hat sie im Sands liegen gelassen und weiß nichts über
Sandy."

„Oh, Alick Bowden", sagte ich zu mir selbst, „ich wusste, dass das eines
Tages das Ende sein würde! Er ist weggegangen und hat sich ertränken
lassen. Oh, mein armer Mann! Ich hoffe, sie werden seine Leiche kriegen,
sonst werde ich nie wieder ein Stück Fisch essen! Letzte Woche hat Mistress
Mertin einen Galacace-Knopf in den Eingeweiden eines Rotwild-Dorsches

gefunden, und das ist nicht sehr lange her, seit Mistress Kenawee zwei Skelettstücke in der Scheiße einer Kolonie gefunden hat. Armer Sandy! Ich weiß nicht, was sie mit den Bestattungsunternehmens -Babbies machen werden?"

„Ist Sandy tot, Bawbie?" sagt Nathan.

„Ja, ich weiß, er ist gestorben, Nathan, Junge", sagte ich.

„Und willst du, dass ich bei der Beerdigung auf dem Schlitten mitfahre, Bawbie?", sagt Nathan und steckt seinen Kopf durch ein Loch in seinem Glengarry.

„Halt den Mund, Junge", sagte ich, „du weißt nicht, wovon du redest ."

Ich sammelte die Klamotten ein. Es gab keinen Zweifel. Sie gehörten Sandy! Die Hosen waren voller Nägel und Schnüre und so viel Müll, wie man ihn in Peattie Broons, dem Schweinehändler, Hinterladen bekommen konnte. Es gab viel Geigenkram im Weyscot und eine Schachtel mit seltsam aussehender Salbe, die Tante-Kram sein könnte. Aber was mir zuerst auffiel, war, dass seine Nähte und seine Unterhosen nicht da waren. „Könnte er damit reingehen und damit schlafen?", dachte ich bei mir. Ich konnte nicht durchschauen .

Ich ging zur Ladentür, nur um nachzusehen, und sah Pottie Lawson, Bandy Wobster und zwei oder drei andere am Straßenrand, die wie ein einziges Ding herumsprangen. Ich warf den Schlüssel blitzschnell in die Tür und lief die Straße hinauf. Pottie war gerade mitten in einem großen Sprung, als ich ihn am Kragen packte. Er schluckte den Rest seines Sprungs herunter, das kann ich Ihnen sagen.

„Was hast du mit meinem Mann vor, du schäbiger, schmutziger, hässlicher, boshafter Fußvolk?", sage ich und gebe ihm einen Schüttelfrost, der ihn dazu bringt, die weißen Augen aufzumachen.

„Nimm deine Hand von mir, du übelzüngiges Biest", sagte er, „sonst lege ich dir die Füße auf den Boden."

"Wirst du?", fragte ich, und ich gab ihm einen Stoß, der ihn mit den Fersen über den Hahn von Gairner Wintons fünfrädriger Karre warf, die neben ihm stand. Als er sich zwischen den Peycods und dem Cabbitch aufgerafft hatte , wollte er eigentlich zu mir kommen, aber Dauvid Kenawee hielt inne und sagte: "Sag, du hast recht, du bist ein guter Scharfschütze. Hebe eine Hand nach ihr, und ich werde dir die Kisten dabei wegnehmen."

„In was für Geschäfte steckst du deine Nase rein?", fragt Pottie Lawson. „Niemand hat sich mit dir eingelassen."

„Halte einfach deinen Mut zusammen, Pottie", sagt Dauvid, „sonst werde ich mich vielleicht mit dir abgeben. Ihr seid ein elender Haufen von Vagabunden, ihr alle, die ihr hier seid und einen alten Mann ausnutzt ! Ja! Verdammt, ich könnte euch alle verprügeln." Er stand mit seiner Nive auf und nahm einen Stein dafür. Pottie ging wieder über die Karre und setzte sich auf den Hahn des Gairner, der damit beschäftigt war, seine Hände einzusammeln.

„Komm weg, Bawbie", sagt Dauvid und nimmt meine Mütze, „Sandy wird schon auftauchen." Also machten wir uns auf den Weg und ließen ein oder zwei von ihnen auf dem Bullendamm zurück, genau wie es Schweine normalerweise tun, wenn sie in die Fänge eines Gärtners geraten.

„Sandy ist ein hübscher Mann", sagte Dauvid, als wir an der Ladentür landeten.

„Das könntest du mir auch zweimal sagen, David", sagte ich. „Fulish ist nicht das Richtige dafür."

„Es hat beim Laufen ein bisschen geplagt unter ihnen geherrscht, und Sandy hat wie ein alter Junge herumgesprungen, was er tun konnte", fuhr Dauvid fort, ohne auf das zu achten, was ich sagte. "Sandy ist ein ziemlicher Haufen von Tricks und Täuschungen. Pottie Lawson und zwei oder drei andere haben Sandy dazu gebracht, fünf Schilling zu scheffeln, dass er in fünfundzwanzig Minuten drei Meilen durch den Sands laufen würde, und sie sagen mir, Sandy sei zwei oder drei Mal selbst durch den Sands trainiert worden. Um es kurz zu machen — Bandy Wobster hat mir die Einzelheiten erzählt — das Rennen begann in der Nacht. Sandy zog sich gerade am zweiten Slippie auf dem Sands da drüben aus . Er behielt nichts an außer seiner Unterhose , seiner Unterhose und einem Paar Pantoffeln, und dann machte er sich daran, zu den Zielen und zurück zu laufen. Er war noch nicht einmal einen Meter weg, als die Menge der dreckigen Teufel — das Ich könnte sie mit Namen nennen — sie sammelten Sandys Klamotten ein und gingen auf die Straße, sodass Sandy so gut er konnte nach Hause kommen konnte. Bandy Wobster gab die Klamotten an Nathans Straßenrand und erzählte ihm, dass er sie auf dem Sands gefunden habe."

„Aber wer wird Sandy sein?", sage ich.

„Das ist mehr, als ich sagen kann, Bawbie; aber ich werde nach der Herrin rennen , und sie wird auf den Laden aufpassen, bis wir aus dem Sand raus sind, und sehen, ob wir bei ihm reinkommen", sagte Dauvid.

Dauvid machte sich auf den Weg zu Mistress Kenawee, und ich rannte die Treppe zum Dachboden hinauf, um mir meinen Hut aufzusetzen, und nahm Sandys Kleider mit . Als ich in den Dachboden sah, war das Oberlicht offen und zwei lange , krumme Beine mit zwei Wölfen am Ende, die wie zwei

Klapperschlangen herumwackelten, die versuchten, ans Fenster zu kommen. Ich ließ die Kleider fallen, lief zur Tür und schloss sie vor mir. Ich blieb hinter der Tür stehen, nur um zu sehen, was passieren würde. Sandy landete auf dem Dachboden, saß da, schrie und nickte und grüßte tatsächlich. Was für ein Bild er abgab! Ich konnte Ihnen nicht alles erzählen, was er sagte. Darunter waren viele Wörter, die nicht im Wörterbuch stehen, und ich kann Ihnen sagen, wenn Pottie Lawson und Bandy Wobster die Hälfte von dem bekommen, was Sandy ihnen versprochen hat, sowohl in dieser als auch in der nächsten Welt, werden sie nicht weit brauchen, um einen sicheren Platz zu finden.

„Mann, wenn du das Hirn eines Hahns hättest", hörte ich ihn sagen, „dann hättest du gedacht, sie würden dir einen Streich spielen. Du spielst viel, du spielst viel", sagte er, und er nahm sich mit seinem offenen Arm einen Stock an der Seite des Kopfes, der ihn fast auf den Rücken fallen ließ. Beim Taumeln kitzelten seine Füße an seinen Händen, und er hob sie hoch und sah ziemlich verblüfft aus. Er zog sie wieder an und — was meinst du? Der arme Sandy saß da und faltete die Hände, und ich hörte ihn sagen: „Ich bin ein furchtbarer Freak, eine reine Provokation für alles, was mir zustößt! Aber wenn mir dieses Mal vergeben wird, werde ich versuchen, es heute besser zu machen. Und ich werde Pottie Lawson einen Mord verpassen, den er nicht so schnell vergessen wird. Er wird es sicher tun, wenn ich ihn in die Finger bekomme. Ich werde Bandy Wobster wegschicken, denn er ist nicht annähernd auf der Höhe und er ist schon ein Ziel."

Genau in diesem Moment ruft Mistress Kenawee die Treppe hinauf: „Bist du da, Bawbie?" und ich musste hinunter . Ich sagte ihnen, Sandy sei zu Hause und richtig. David wollte ihn sehen. Aber, na , na! Ich behielt das, was ich von Sandys Geschichte wusste, für mich und, armer Kerl, er tat mir wirklich leid. Er ging den ganzen Sabbat über wie verrückt herum und am Nachmittag traf ich ihn im Hinterzimmer, wo er auf dem Hahn eines Cafés tanzte und sagte: „Ihr werdet diesen Winter nicht wildern, ihr —" und so weiter.

Unter uns, es wird kein Kinderspiel sein, Pottie zu töten, wenn Sandy seine Finger auf ihn bekommt.

„Ja, du bist am Sonntagabend ohne zu reden hereingekommen, Sandy", sagte ich am Montagmorgen zum Frühstück, weil ich sah, dass er eindeutig darüber reden wollte.

„Ich werde mich um die Sache kümmern, wenn ich Pottie Lawson kriege", sagt Sandy. "Aber ich will dir das sagen, Bawbie; als ich an der Seilbahn herumtobte und versuchte, nach Hause zu kommen, ist es, als wäre es so, als wäre ich zwei- oder dreimal ins Wasser gesprungen und hätte mich dabei ausgetobt . Ich war so wütend und beschämt. Aber, Mann, ich rannte durch die Höfe, ohne dass mich jemand sah, und stieg durch das Oberlicht ein. Ich will schwören, Bawbie, ich war nie glücklicher, als als ich auf meinen Drehstühlen auf dem Dachbodenkamin landete . Aber, wie Rob Roy sagt, es gibt einen Tag der Erholung; und, bei Gott, es wird ein paar Leute geben, die den Boden unter den Füßen aus ihren Jeans kriegen, wenn es soweit ist, oder ich heiße nicht mehr Si Bowden!"

XIX.
SANDY HAT SICH GERÄGT.

Ich habe euch gerade von Sandys Streich aus dem Sand erzählt, als Bandy und Pottie Lawson ihn so angegriffen haben. Wir haben hier seit jeher keine Spur oder Spur von ihnen gesehen, und ich bin sicher, sie sind eine gute Nummer. Aber wer sollte im Waschhaus auftauchen, außer Pottie! Er hatte David Kenawee dazu gebracht, mit Sandy zu sprechen, und die Sache irgendwie aufgemischt, und da war er wieder, so flink wie eine Biene. Aber Sandy war nicht so leicht zu beruhigen. Er hat nicht viel gesagt, aber ich werde ihm am Dienstagabend ein Negieren geben, das er nicht so schnell vergessen wird – und Mistress Mollison auch nicht.

Wohlgemerkt, ich hätte nicht gedacht, dass Sandy so tiefgründig ist. Es war ein schlechter Trick. Sandy war entschlossen, Pottie mit seiner eigenen Münze zu bestrafen, und er hatte Bandy Wobster dazu gebracht, mit ihm zusammenzuarbeiten, um Lawson einen richtigen Fluch zu geben.

Es gab eine große Versammlung im Waschhaus, die nicht viel weiterging als gestern, und nach einer Weile begann Bandy, über Verleumdung und Phrenologie und solche Sachen zu sprechen. Bandy erzählte von einigen seiner Heldentaten bei der Verleumdung von Matrosen und stellte Sandy seine Fähigkeiten zur Schau. Sandy war durchaus bereit, ihn seine Fähigkeiten ausprobieren zu lassen, also sagte Bandy : „Hat einer von euch Jungs ein bisschen Spaß?"

Bei dieser Frage gab es eine Menge Geplänkel und Gejammer, und der eine Junge sah ihm so nahe auf die Augen, als wollte er sagen: „Ich habe jetzt nur noch halbe Sachen."

„Ich kann Ihnen vier Pence Kupfer geben, wenn Ihnen das nur von Nutzen ist", sagte Stumpie Mertin und schob seine Fliege in seiner Reithose zur Elba
.

Daraufhin brach ein Gelächter aus, und Sandy sagte, mit dem Kopf zeigend, während er erschauerte: „Leise, Jungs, aus Angst, ihre Nase hört uns." Er dachte nicht daran, dass ihre Nase – das war natürlich ich – am Wind stand und jedes Geräusch hörte. Ich glaube, meine Kleine, ihre Nase wird dich nachts etwas hören lassen, das dir die Ohren verdreht.

Es war kein bisschen was zu holen, also musste Bandy den Deckel einer Bonbonflasche nehmen und das Beste daraus machen.

„Nein, Sandy", sagt er, „halt das Ding einfach fest zwischen Finger und Daumen und starr es an, so fest du kannst. Blinzel nicht und schau nicht hin, und Jungs, seid ruhig. Nein, wir sehen uns ! "

Sandy nahm den Flaschendeckel, setzte sich damit in die Hand und starrte ihn an, als ob er auf eine Wand hinunterschaute. Alle Billets saßen da und starrten Sandy an, und Bandy alberte herum, spielte Kapriolen mit seinen Armen und tanzte wie ein Idiot. Man hätte sie alle mit einer Schnur festbinden können, so sehr waren sie von Bandys Kapriolen gefesselt . Er ging nach einer Weile weg und streichelte mit den Fingern Sandys Kopf. Mit der Stimme eines Kohlenarbeiters sagte er: „Schlaf, schlaf."

„Er ist weg", sagt Bandy und dreht sich zu den anderen um. Sie saßen mit weit geöffneten Ohren da und waren viel verwirrter als Sandy, dachte ich.

Bandy packte Sandy an den Augen und stellte ihn auf die Füße. Und da blieb er stehen, mit geschlossenen Augen und gebeugten Armen und Beinen, als ob er aus Wasser triefen würde. Bandy hob den Kopf und öffnete die Augen mit den Fingern. Und da war Sandy, genau wie Dominy Sampson im Museum.

„Nö", sagt Bandy, „wir werden seinen Startstoß anfassen"; und er gab Sandy einen Stoß mit dem Finger gegen den Kopf, und Sandy machte sich an den Start, so etwas hat man noch nie gehört.

„Halte ihn auf, Bandy", sagt Stumpie Mertin ganz aufgeregt, „sonst reißt er sein Hinterteil raus."

„Ruhe, niederträchtiger Sklave, oder ich enthaupte dich mit meinem Skittimir", sagt Sandy und starrt Stumpie finster an.

„Er hält sich für den Shaw von Persha", sagt Bandy und fingert in Sandys Haaren herum.

Hier übernahm Sandy die Begrüßung und schenkte ihr etwas Furchtbares.

„Meine Güte", sagt Dauvid Kenawee, „so etwas habe ich noch nie gesehen. Schläft er wirklich?"

„Sobald es ein Klaps ist", sagt Bandy, und er berührt Sandy erneut und beendet die Begrüßung. „Nun, wir werden sehen, was für eine Arbeit er aus einer Rede bei einer Gemeindeversammlung machen würde", fuhr Bandy fort; und er gab Sandy einen Klaps auf die Stirn und sagte: „Nun, Mester Bowden, wir sind bei einer Gemeindeversammlung und Sie treten für den Rat an. Pottie Lawson sitzt auf dem Stuhl und Sie sind jetzt an der Reihe zu sprechen. Hören wir mal, wie Sie ihnen eine gute Tirade zu den Themen des Tages halten."

Sandy bückte sich ein wenig, schluckte einen Speichel herunter und begann, ein bisschen keuchend: „Herr Vorsitzender –" Er warf Pottie einen finsteren Blick zu, der ihn beinahe von der Kiste abkommen ließ, auf der er saß. „Herr Vorsitzender", sagt er, „wir haben uns hier versammelt, um uns als

Steuerzahler zu treffen. Wenn Sie einen erstklassigen Ratsherrn wollen, bin ich Ihr Mann. In Bezug auf dieses neue Geschäft in der Stadt finde ich es lächerlich, die Kinder der Stadt damit zu verbringen, Land für Leute zu kaufen, die nicht tot sind. Es ist genug Zeit, nach Land zu suchen, wenn Leute tot sind. Und die Leute begraben sich selbst, ganz wie sie wollen. Sie suchen nach ihrem eigenen Land, und nicht einmal die Steuerzahler suchen nach Land für sie. Wir müssen bald unser Frühstück vom Stadtrat abholen, und es wird alles auf die Steuern ankommen, das ist genau das, was ich meine. Alles ist auf den Steuern Heutzutage, von Geburten bis zu Beerdigungen. Aber ich höre einen Teil meines Publikums rufen: „Was ist mit der Auld Kirk?" Nun, das ist eine andere Frage. Ich denke, je mehr die Auld Kirks von den Paaren fernhalten, desto besser. Wir haben genug Arme ohne sie. Wenn es nicht ohne Pfarrerhilfe geht, dann lass es ins Gefängnis. Das würden sie mit dir und mir machen, wenn wir sie auf den Paaren brauchen würden. Was denkst du darüber? Dann gibt es die Stadtmauer und den Herbir. Nun, da ist nicht viel in einem von ihnen. Es gibt kaum Wasser im Teenageralter und nichts als Wasser im Zehnten. Aber vielleicht, wenn es eine neue Lizenz oder zwei Lizenzen an der Küste gäbe, könnte es mehr Verkehr an der Herbir geben. Die Treuhänder müssten vielleicht die Landgebühren für Jungs erheben, die jetzt und später an Land gehen. Sie Sie konnten wie Vieh vergossen werden, obwohl sie halb tot waren und zusammen tranken und ertranken. Und jetzt ist ein oder zwei davon ungefähr –"

Bandy berührte Sandy hier, und er hielt inne, und alle Jungs klatschten in die Hände.

Dann gab Bandy Sandy hier und da ein bisschen zu, und so etwas hat man noch nie gesehen. Er aß eine Pennydose und trank eine halbe Flasche Tinte, und ich kann Ihnen nicht sagen, was. Die Jungs sahen aus, als würden sie Sandy verfluchen, als ich bemerkte, wie er Bandy heimlich ein bisschen zuzwinkerte; und ich sah, dass Sandy nicht mehr misstrauisch war als ich.

„Es gibt hier niemanden, dem Sandy etwas Böses will", sagt Bandy; „wir werden sehen, was dieser verdammte Stoß bewirkt." Damit gab er ihm einen Stoß mit der Hand, und Sandy lag sofort auf ihm. „Fass ihn nicht an, sonst nimmt er dir was weg", sagt Bandy; und die Billets sind zum anderen Ende des Waschhauses verschwunden.

Plötzlich packte Sandy einen alten, steifen Kerl, der auf dem Kessel lag, und brüllte: „Wo ist Pottie Lawson, und ich werde ihm den Zauberer wegschneiden", und floh zur Tür. So ein Gekraxel und Geflohenes hat man noch nie gesehen. Stumpie Merlin sprang über das Sofa, und David Kenawee sprang auf den Kessel und benutzte den Deckel als Schutzschild. Pottie war gerade wieder aus der Tür gesprungen, als Sandy ihn am Kragen packte. Aber Pottie sprang aus dem Mantel – es war nicht schlimm, sich zu befreien, armes

Kind – und rannte in den Hof , um zu fliehen, mit Sandy im Nacken, wirbelte das Heck um seinen Kopf und kreischte wie der Teufel. Bandy und der Rest flohen hinter Sandy her. Pottie nahm den Hofdeich mit einem Schwanz und landete direkt auf Mistress Mollisons Rücken und stieß ihren Hintern mitten in einen Haufen von Jacobs Leiter, der in ihrem Hof gewachsen war. Sie rannte aus dem Blickfeld und lag einfach da und brüllte, bis ihr Mann herauskam und ihr ins Haus half.

„Oh, es ist der Teufel , der hinter jemandem her ist", sagte sie. „Und er hat einen alten Hammer in der Hand, und ich sah, wie die Funken des Teufels aus seinem Schwanz flogen. Und ihm sind ungefähr sechzehnhundert andere Teufel auf den Fersen."

Auf dem Flur brüllte Pottie „Pfui", „Mord", „Hilfe", Sandy im Nacken, und die anderen folgten ihm halb benommen und piepsten wie die Schnauzen der Schnorrer. Pottie stürmte in Stumpie Mertins Kohlenkeller und verschloss die Tür von innen. Sandy trat gegen die Tür und Pottie schrie wie eine Wildkatze. Sandy rannte los und traf die anderen Böcke, und als er sie aufhielt , sagte er ihnen, er sei nicht misstrauischer als sie. „Ich wollte Pottie einen Tritt verpassen, und ich glaube, er hat ihn bekommen", sagte er. „ Er und ich sind jetzt ehrlich."

Sie gingen zurück in Stumpies Keller und diesmal standen zwanzig Jungs und zwei Haufen um die Tür herum.

„ Es ist Pottie Lawson, der verrückt geworden ist", sagten die Jungs zum Häuschen. „Er schäumt vor Wut."

Nach einer schrecklichen Tat wurde Pottie aus dem Keller und nach Hause gezerrt. Und ich bin der Meinung, dass man ihn nie wieder in unserem Waschhaus sehen wird. Und ich bin sicher, dass es mir nicht das Herz brechen wird.

Aber was die Kanne und die Tinte angeht – vielleicht hast du es geschafft, Sandy zu trösten. Ich ging hinein und roch die Tinte. Es war zuckerhaltiges Wasser, und die Kanne war aus einer Steckrübe geschnitten und genau dort platziert worden, wo sie gerade zur Hand war.

So etwas wie einen Start hat man seit der Story noch nie gehört. Sandy hat sie alle unter Druck gesetzt und sie glauben, er hat Pottie mit Zinseszinsen betrogen. Pottie hat jetzt mehr Angst als je zuvor; sie sagen mir, er hat nach einem Job bei Freek gesucht , um für eine Weile von der Stadt wegzukommen.

XX.
SANDYS Entschuldigung.

"Bist du da, Sandy? Sandy, bist du da? Sandy! Ich weiß, wo der Mann sein wird? Er wird weggehen und den Laden zur Straße hin offen stehen lassen, als wäre es ein Kuhstall, und sich nichts dabei denken! Bist du da, Sandy?", hörte ich Bawbie am anderen Morgen in ihrem Bett sagen.

"Ja, ich bin hier", sagte ich. "Was quasselt ihr so? Was wollt ihr? Ich musste in den Keller, um Kartoffeln für Mistress Hasties zu holen. Was wolltet ihr?"

"Sehen Sie, schauen Sie! Sie könnten den Topf dort auf dem Feuer streicheln und das tropfende, heiße Wasser des Topfes erwärmen und es dann zu Mary Emslie bringen", sagte Bawbie. "Armes Geschöpf, sie hat sich irgendwann den Tod geholt, und ich glaube, sie hat ihr Kind geschlagen; denn als ich gestern vormittag dort war, war das arme kleine Ding fast ganz zu. Schütte einfach das Blut in den Krug, Sandy, und öffne die zweite lange Schublade dort, und du wirst ein paar Sachen zusammensuchen, und sie alle zusammennehmen und sie Mary geben. Dreh das Guckloch um dieses kleine Ding auf der Anrichte dort, und ich werde es mir ansehen, wenn jemand in den Laden kommt, und ihnen sagen, sie sollen einen Augenblick warten, bis du bei Mary bist. Geh nicht, Sandy, und spie Mary an, wenn sie Kohlen und Stöcke hat, und sag ihr, sie soll ein gutes Feuer anzünden. Armes Geschöpf!"

"Mary geht es heute viel besser, denkt sie, Baby", sagte ich, als ich zurückkam; "und sie erzählte mir, dass die Krankenschwester in ihrem Haus war und sie bis zu ihr durchsucht und das Kind versorgt hat. Armes Geschöpf, sie war wirklich dankbar, als ich ihr die Sachen für die Litlan gab, und sagte mir, ich solle mich bei Ihnen bedanken. Sie war schrecklich aufgeregt, als ich sagte, Sie könnten heute nicht aufstehen, und wie, morgen früh wird es Ihnen besser gehen."

"Ich glaube, mir geht es besser, aber ich bin noch ganz schön schwach im Kopf", sagt Bawbie. "Du könntest Feder und Tinte holen, Sandy, und ein oder zwei Briefe an die Drucker schicken. Ich muss nur sagen, ich habe eine Art Trübsinn, aber in ein oder zwei Tagen werde ich wahrscheinlich wieder ganz richtig sein. Und schau und pass auf deine Rechtschreibung auf. Nur ein paar der Typen werden dich wahrscheinlich schlagen, schieß einfach auf mich und ich werde dir dabei helfen."

„Also gut, Bawbie, das werde ich tun", sagte ich. „Nun, versuch einfach, eine Weile zu schlafen, und dann gehe ich zum Ladentisch und schreibe einen Brief für dich."

Wenn ich also die Gelegenheit dazu habe, werde ich lieber erwähnen, dass Bawbie gestern im Vorabend schreckliche Schmerzen hatte und sie kaum nachts aufgestanden ist. Und ich habe das auch nicht getan, denn sie ist die ganze Nacht weggerannt und ich konnte nicht mehr aufhören. Aber ich habe nichts gesagt, denn ich weiß, dass ich schuld bin, obwohl ich nie geglaubt habe, dass irgendetwas passiert ist.

Bawbie war gestern gerade auf dem Weg, um ihre letzte Tasse zu trinken, und ich klopfte an der Ecke der Teekanne auf den Tee meiner Pfeife, als er abbrach und aus irgendeinem Grund herausfiel. Ich suchte ihn und versuchte, aber nein , nein; er war nicht zu bekommen. Ich dachte, er wäre ins Feuer gefallen. Aber ich bin der Meinung, er war in Bawbies Teekanne gelandet! Sie sagte immer wieder: „Dieser Tee hat einen ganz komischen Geschmack, Sandy. Was kann das Problem sein?" Ich habe nie darüber nachgedacht; aber als Bawbie sich hinlegte und rief, als wäre Weiß ein Penny-Brot, dachte ich mir: „Das ist dein Tee, Sandy Bowden!" Aber ich habe nie gezwinkert; denn, glauben Sie mir, wenn Bawbie es gewusst hätte, hätte ich genauso gut weggehen und die nächsten zwei bis drei Nächte im Sand schlafen können. Sie ist ein gutherziger Kumpel, aber, Mann, sie wird eine furchtbare Zeit lang krank und ist weder zu fassen noch zu fesseln, wenn sie aufsteht. Aber um Himmels willen, ich habe nichts gesagt.

Bawbie ist ein furchtbares Wesen, wenn sie Leuten von mir und meinen Sachen erzählt. Nun, ich muss zugeben, dass viel Wahres in dem steckt, was sie sagt, obwohl sie eine Menge Lärm macht, ungefähr zwei oder drei Jahre lang. Ich weiß nicht, wie es ist , ich kann manchmal nicht anders. Mann, die dümmsten Ideen nehmen mich manchmal gefangen – genau wie ein Fleischer, der ein Schaf bei den Hörnern packt – und ich kann tun, was ich will, ich kann mich nicht aus ihrem Griff befreien.

Ich war zum Beispiel neulich den Berg hinaufgegangen und der Kirchenbeamte stand an der Kirchentür.

"Willst du zehn Minuten in der Kirche bleiben, bis ich nach Hause renne, um einen Bissampfeil zu holen?", sagt er. "Ich habe den Pfeil, den ich habe, zerbrochen."

„Oo, ja", sage ich, „das werde ich machen."

Nun, Mann, ich war noch nicht einmal zwei Minuten in der Kirche, als ich sah, wie es neben Gayneld Park war, und ich dachte, ich würde sehen, ob ich es in fünf Minuten viermal umrunden könnte. Ich knöpfte meinen Mantel zu, sah auf die Uhr und ebnete mir den Weg, über die Bank, durch den anderen Gang, durch die Lobby und so weiter. Ich war gerade dabei zu schlafen, als ich, wieder raus aus einer der Türen, mit dem Pfarrer zusammenstieß und ihn mit dem Klingelbeutel in der Hand in die Mitte der Lobby wirbelte.

„Was in aller Welt ist los mit Ihnen?", sagte er, stand auf und schüttelte die Kappe seines Hutes.

„Mann, du solltest dich vom Kurs fernhalten", sagte ich und vergaß dabei, was ich eigentlich meinte. „Ich wollte den Rekord brechen."

„Brich den Rekord!", sagt er mit fürchterlicher Stimme. „Wenn es die Gesetze des Landes nicht gäbe, würde ich dir den Schädel einschlagen."

Mann, die Leidenschaft des Sacks war wirklich groß. Er hat die Würmer tatsächlich ausgespuckt, und, verdammt, ich habe meine Augen auf ihn gerichtet, aus Angst, er könnte mich anfassen.

Genau in diesem Moment kam der Kirchenbeamte herein, und der Pfarrer drehte sich um, sah mich ganz beängstigend an, sagte etwas zu ihm, und ich hörte, wie sie darüber sprachen, mich mit einem Taxi nach Hause zu bringen. Ich sah sofort, was sie da taten.

„Ihr braucht eure Köpfe nicht vor einer Droschke zu waschen", sagte ich. „Ich bin weiser als die beiden von euch, die ihr zusammensteckt; also behaltet eure Unterhosen an. Guten Tag", sagte ich, und zog die vorderen Hosenträger aus, drei auf einmal, und ging nach Hause.

Hause ging, kam der Bewacher zu Fall und sah, was in der Welt geschehen war.

„Ich kam gerade aus der Kirchentür", sagte ich, „als der Pfarrer wieder zu mir kam." Ich erwähnte nicht, dass ich rannte. „Der Kerl fiel in den Kamin", sagte ich, „als wäre er angeschossen worden; und dann machte er Witze darüber, dass ich verrückt war! Haben Sie so etwas schon einmal gehört?"

Der Kirchenbeamte ging nach Hause, klammerte sich an den Kopf und sagte zu sich selbst: „Na ja, es reißt wirklich was. Da ist bestimmt einer von den dreien, der ganz in der Nähe vom Wasserhahn ist, und ob ich es bin oder nicht, ich kann kaum rauskommen."

Aber was ich Ihnen zeigen möchte, ist, dass ich diese albernen Dinge manchmal mache, ich weiß nicht genau, wie. Ich kann Ihnen nicht sagen, was dabei herauskommt. Benimmt sich nur einer von euch Jungs so? Mann, ich habe mich manchmal mit Bawbie zur Kirche gehen sehen, in meinem Hemd und meiner Hose, meinen Handschuhen und meinem Taschentuch und so etwas wie einem Drei-Pence-Stück, und plötzlich musste ich meine Zunge zwischen meine Zähne schieben und meinen Regenschirm packen, als wollte ich ihn ersticken, nur um nicht mitten auf der Straße zwischen den Leuten in der Kirche, seinem Hut, meinem Hemd und allem zusammen wie ein Flöhchen oder eine Katze zu stolpern. Was könnt ihr aus so etwas machen? Manchmal bin ich der Meinung, dass ich mich nie benehmen sollte, und doch tue ich oft die schrecklichsten, scheußlichsten Dinge. Es ist mir ein Rätsel und Bawbie ein furchtbares Rätsel. Aber was könnt ihr tun? Für diese Art von Krankheit bekommt man kein Medikament! Wie Bawbie sagt: „Ich werde mich nie benehmen, bis ich tot bin", und Tatsache ist, dass ich mir selbst danach nicht mehr sicher bin. Ich weiß, dass es eine schreckliche Aufgabe für Bawbie ist, meine Ongaen zu nehmen, aber gleichzeitig hätten die anderen Frauen und sie , wenn ich es nicht wäre, nichts, um sich über Ava aufzuregen. Wie es in der Bibel heißt: Wir haben Angst und sind in eine missliche Lage geraten, und ich schätze, wir müssen einfach das Beste daraus machen.

DAS ENDE.

www.ingramcontent.com/pod-product-compliance
Lightning Source LLC
LaVergne TN
LVHW091610170726
843492LV00007B/2334